职业教育校企合作精品教材

统计基础工作

主编　项菲　莫翠梅

高等教育出版社·北京

内容简介

本书是以大数据时代发展以及国家"大众创业、万众创新"理念的提出为背景，以三名中职毕业生合伙开创的零度奶茶店为案例情境，将企业运营过程中应用的统计基础知识与原理，设计为典型工作任务，以任务驱动方式建构学习及实训内容，结合中职学生的认知规律和统计教学的基本要求而编写的。

全书共包括七个模块，即打开统计思维、开展统计调查、进行统计整理、统计综合指标分析、时间序列分析、统计指数分析和编制统计报表。本书除了系统地介绍统计学的基本原理和方法，还补充问卷星、Excel 等工具在数据收集与处理方面的具体应用，将基本理论与信息化工具结合，案例丰富，讲解清晰。

为方便教学，本书配套建设了微课、PPT、技能提升素材和自我测试参考答案等类型丰富的学习资源。

本书既可作为中等职业学校财经商贸类专业统计课程的教学用书，也可作为在职人员培训用书。

图书在版编目（CIP）数据

统计基础工作 / 项菲，莫翠梅主编 . -- 北京：高等教育出版社，2022.4

ISBN 978-7-04-057979-6

Ⅰ . ①统… Ⅱ . ①项… ②莫… Ⅲ . ①统计学 – 中等专业学校 – 教材 Ⅳ . ① C8

中国版本图书馆 CIP 数据核字（2022）第 019328 号

统计基础工作
Tongji Jichu Gongzuo

策划编辑	刘　睿	责任编辑	黄　静	特约编辑	韩　露	封面设计	李树龙
版式设计	王艳红	插图绘制	李沛蓉	责任校对	胡美萍	责任印制	朱　琦

出版发行	高等教育出版社	网　址	http://www.hep.edu.cn
社　址	北京市西城区德外大街 4 号		http://www.hep.com.cn
邮政编码	100120	网上订购	http://www.hepmall.com.cn
印　刷	三河市骏杰印刷有限公司		http://www.hepmall.com
开　本	889mm×1194mm　1/16		http://www.hepmall.cn
印　张	14.5		
字　数	300 千字	版　次	2022 年 4 月第 1 版
购书热线	010-58581118	印　次	2022 年 4 月第 1 次印刷
咨询电话	400-810-0598	定　价	35.90 元

本书如有缺页、倒页、脱页等质量问题，请到所购图书销售部门联系调换
版权所有　侵权必究
物 料 号　57979-00

本书配套的数字化资源获取与使用

 二维码教学资源

本书配有微课、自我测试参考答案等资源，在书中以二维码形式呈现。扫描书中的二维码进行查看，随时随地获取学习内容，享受立体化阅读体验。

打开书中附二维码的页面　　　　扫描二维码　　　　查看相应资源

 Abook教学资源

本书配套PPT等教学资源，请登录高等教育出版社Abook网站http://abook.hep.com.cn/sve获取。详细使用方法见本书"郑重声明"页。

注册　　　　登录　　　　绑定课程

访问网站abook.hep.com.cn/sve，自行设定用户名、密码、留下常用邮箱

需匹配用户名、密码、验证码

输入教材封底所附学习卡上的密码，免费获取资源

Abook App
扫码下载 App

前　言

　　为适应现代服务业数字化转型和大数据时代对从业人员数据整理与分析能力不断提升的人才需求，本书立足于发展性、复合性和创新性人才培养目标，根据《国家职业教育改革实施方案》中提出的职业教育改革要求编写而成。

　　本书具有以下特点：

一、突出创新性、职业性、应用性与实践性

　　本书在结合中职学生的认知规律和统计课程教学标准的基础上，对教学内容进行优化。全书以统计工作过程为主线，以三个合伙人开创的零度奶茶店为实践平台，创造性地把企业运营过程中应用的统计基础知识与原理，设计为典型统计工作任务。本书共包括七个模块、18个任务，以任务驱动方式建构学习及实训内容。学生通过学习，既能潜移默化地学会统计基础工作的原理，又能提升运用统计知识分析和解决实际问题的能力。

二、体例新颖，版式活跃

　　本书以"模块—任务—活动"为结构，每个任务以"学习目标、职业情景、知行联动、思维拓展、自我检测"为框架。在明确提出任务的学习目标后，以职业情景引出要解决的问题背景；知行联动提供解决问题的知识储备，并以活动的设计与实施完成职业情景中的岗位任务或工作任务。同时补充数据解读，以培养统计分析思维，并在技能提升中提供信息化工具的操作方法；思维拓展和自我检测，则帮助学习者实现知识的构建。

三、跨专业糅合技能点，培养数据分析通识能力

　　在大数据时代，数据整理和分析能力是财经商贸类专业学生从事相关岗位工作的基础能力之一。因此，本书设计大量的电子商务、财务和物流实例，将新技术、新知识等以案例形式引入教材，对接1+X电子商务数据分析基础、财务数据分析、物流服务管理等技能点，助力电子商务、会计、物流等专业技能型人才培养。

四、发掘课程思政元素，落实立德树人根本任务

　　本书在分析统计知识内容与统计工作岗位要求的基础上提炼思政要点、设计"课堂思政"，实现社会主义核心价值观与模块知识的自然有机融合，润物细无声地在传授知识的过程中帮助学生树立科学的、正确的世界观、人生观和价值观。

五、建设动态、共享的课程教材资源库，打造"互联网＋"时代新形态一体化教材

本书建设了在线开放课程，已在"智慧职教"上线，同步开发了微课、多媒体教学课件、技能提升素材及自我测试参考答案等多种形式的数字化教学资源，并将持续进行资源更迭。

本课程按 72 学时编排，各模块学时安排建议见下表。

各模块学时安排建议表

模块（或工作情境）名称	序号	任务内容	学时分配
模块一 打开统计思维	1	认识统计含义	2
	2	认知统计工作	2
模块二 开展统计调查	1	撰写统计调查方案	6
	2	采集统计数据	2
模块三 进行统计整理	1	整理统计数据	6
	2	认识统计图表	4
模块四 统计综合指标分析	1	总量指标分析与应用	2
	2	相对指标分析与应用	4
	3	平均指标分析与应用	6
	4	标志变异指标分析与应用	4
模块五 时间序列分析	1	认识时间序列	2
	2	时间序列的水平分析	6
	3	时间序列的速度分析	6
	4	长期趋势和季节变动分析	4
模块六 统计指数分析	1	认识统计指数	2
	2	综合法总指数编制与分析	6
模块七 编制统计报表	1	认识统计报表	2
	2	编制企业经营情况表	6
总学时			72

本书是校企合作教材，广州羿蓝科技有限公司指导设计本书的教材大纲和工作任务。广州市教育研究院陈福珍老师担任本书的主审，提出了宝贵的修改意见和建议。在此，编者表示衷心的感谢！

本书由项菲、莫翠梅任主编，梁二妹任副主编。模块一由蒙绮媚编写，模块二、三由梁二妹编写，模块四由项菲编写，模块五由罗明丽编写，模块六由莫翠梅、潘俏庄编写，模块七由周红泉编写。此外，潘俏庄负责设计各模块的思维导图。

由于编者水平有限，本书难免有欠妥之处，敬请读者批评指正。读者意见可发送至信箱：zz_dzyj@pub.hep.cn。

编　者
2022 年 1 月

目　　录

模块一 │ 打开统计思维

当人们在网上购物的时候，网购平台经常会弹出类似于"猜你喜欢"的推荐窗口；导航软件通过采集大量的交通数据，对道路的拥堵情况进行实时跟踪和预测，给人们推荐最优的路线；音乐软件会根据用户平时的听歌偏好预测其可能喜爱的歌曲并由此建立每日歌单……人们的行为无时无刻不在产生数据，人们经常买什么、喜欢看什么网页、习惯用什么软件，这些都在默默地被记录着，这就是大数据时代带给人们的变化。在信息爆发的大数据时代，如何透过纷繁复杂的现象，洞察现象背后的因果关系从而作出令人信服的判断，用数据说话，这些都需要运用统计思维。

统计思维是人们在获取数据、从数据中提取信息、论证结论可靠性等过程中表现出来的一种思维模式，它对提高人类对事物的认知起到巨大的作用。要形成统计思维，人们不仅需要学习专业的知识，还要学会用发展的眼光去看待万事万物，善于发现规律。

大数据时代，在各类社会经济活动中，都需要用到统计思维，数据的计算与分析也离不开统计思维。全国人口普查、经济普查、商品交易的实时数据、房地产的网签数据、物流运输线路优化、政府部门的行政记录等，都离不开统计。由此可见，统计活动在国民经济各类活动中无处不在、无时不在，从企事业单位到社会团体、政府部门，凡是有数据的地方就有统计。下面我们一起来认识统计（见图1-1）。

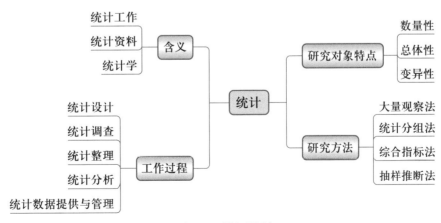

图1-1　认识统计

任务 1.1　认识统计含义

学习目标

- 认识大数据以及统计在大数据时代的重要作用。
- 能区分统计的三层含义并了解它们之间的关系。
- 学会观察身边的数据，养成探究经济现象活动规律的意识。

职业情景

　　小锋是一名中职学校的毕业生，毕业后他选择和志同道合的小远、小辉一起创业，成立了零度奶茶店。

| 姓名：小锋
职位：CEO
专业：电子商务
背景：有奶茶店兼职经验 | 姓名：小远
职位：财务主管
专业：会计
背景：有充足的资金来源 | 姓名：小辉
职位：市场部主管
专业：物流
背景：有稳定的供货渠道 |

　　在他们筹集到创业资金后，接下来就是店铺选址。三人通过搜索不同地段的店铺信息进行对比，如地理位置、人群流量、消费者购买能力、租金等，通过对这些数据进行对比、分析，选择性价比最好的店铺，而收集、整理和分析数据就需要用到统计的工作原理和方法。

知行联动

　　随着新一轮科技革命和产业变革的兴起，以数据为核心生产要素、以数字技术为驱动力的新的生产方式蓬勃发展，人类社会正快速步入数字经济时代。习近平总书记强调："要积极发展新一代信息技术产业和数字经济，推动互联网、物联网、大数据、卫星导航、人工智能同实体经济深度融合。"《中华人民共和国国民经济和社会发展第十四个五年规划和

2035 年远景目标纲要》设立专章部署"加快数字化发展　建设数字中国"，强调"打造数字经济新优势"。这为我国数字经济发展指明了方向、提供了遵循的原则。

随着数字经济的发展，大数据应用于社会、生活的方方面面（见图 1-2）。如在电子商务行业，商家针对消费者的年龄、性别、职业、购买历史、购买商品种类、查询历史等信息，通过大数据对消费者的消费意向、消费习惯、消费特点进行系统性的分析，为消费者制定个性化的服务。又如在物流行业，物流企业可通过卫星导航定位器、手持设备以及基础数据的更新获取最新信息，企业及时跟踪整个运输过程中车辆实时状态、预计到达时间、货物签收状态等，提高配送效率。

图 1-2　大数据的应用

那什么是大数据呢？大数据与统计学之间又有什么关系呢？

一、什么是大数据

大数据是一个抽象的概念，从一般意义上讲，大数据是指无法在有限时间内用常规软件工具对其进行获取、存储、管理和处理的数据集合。它具有容量大、类型多、存取速度快、应用价值高的特征。大数据正快速发展为对数量巨大、来源分散、格式多样的数据进行采集、存储和分析，从中发现新知识、创造新价值、提升新能力的新一代信息技术和服务业态。

大数据的意义在于，人们可以从庞杂的数据中挖掘出有价值的数据，并将其转化为有价值的信息，运用于管理、农业、金融、医疗和教育等各个社会领域，为社会发展服务。

在大数据时代，大数据的分析离不开统计学。统计学被认为是处理数据的一门科学，具体来说是收集、处理、分析、解释数据并从数据中得出结论的科学。大数据的出现使统计学中最关键的数据收集环节实现了技术跨越，大数据意味着所有统计对象的数据都能应用到统计过程中，统计数据不再存在局限性，如果配合适当的统计方法和数据处理方法，能使得出的统计结果更具代表性。

二、什么是统计

（一）统计的含义

什么是统计呢？从广义上说，统计就是对事物的数量表现进行计量，从简单的计数到复杂的数据分析等一系列与数据打交道的活动都可以称为统计。从狭义上说，统计是人们正确运用统计理论和方法收集、处理、分析、解释数据并从数据中得出结论的实际操作过程，是人们从数据上对客观世界的一种认识活动和结果。在实际应用中，人们对"统计"一词的理解一般有三层含义：统计工作、统计资料和统计学。

1. 统计工作

统计工作即统计实践活动，指人们利用科学的方法对社会经济现象的数量资料进行收集、整理和分析的工作过程。比如，商店里每天要记录商品的销售量、销售额，工厂里每天要计量产品生产数量，交通运输部门要定时计算客运量和货运量等，这些都是非常基本的统计工作。

2. 统计资料

统计资料即统计工作所获得的成果，指通过统计工作所取得的、用来反映社会经济现象的数据资料的总称。其具体表现为统计表、统计图、统计公报、统计年鉴、统计手册及统计分析报告等。

3. 统计学

统计学即统计理论，是研究如何去收集、整理、描述、分析数据和由数据得出结论的一系列概念、原理、原则、方法和技术的一门科学。它是人类长期统计实践活动的经验总结和理论概括，用以指导统计工作的开展。

数据解读

我国 2020 年开展的第七次人口普查公报数据显示，全国总人口数约为 14.117 8 亿（不含港澳台人口数），与 2010 年第六次全国人口普查相比，增加约 7 206 万人，增长 5.38%，年平均增长率为 0.53%。出生人口再创新低，2020 年的出生人口约为 1 200 万，较 2019 年减少约 265 万人，跌幅 18.09%。人口普查采用的是全面调查的方法，包括对人口普查资料的收集、数据汇总、资料评价、分析研究、编辑出版等过程，它的目的是全面掌握全国人口的基本情况，为研究制定人口政策和经济社会发展规划提供依据，为社会公众提供人口统计信息服务。其中，人口普查属于统计工作，人口普查公报属于统计资料，人口普查中运用的全面调查等统计原理和方法则是统计学。

数据来源：国家统计局官方网站

（二）对"统计"一词理解的三层含义之间的关系

统计工作、统计资料和统计学三者之间既有区别又有联系。它们的联系主要表现在以下两个方面：

第一，统计工作和统计资料是活动过程与活动成果的关系。统计活动的目的是取得统计资料；统计资料的取得必须依靠统计工作来完成。

第二，统计工作和统计学是实践与理论的关系。一方面，统计学是统计工作的经验总结和理论概括；另一方面，统计学指导统计工作实践，从而使统计工作更科学、更标准、更规范、更统一。

活动 1.1.1

◎活动描述

小锋、小远、小辉决定成立零度奶茶店后，开始着手为店铺选址。他们选定了A、B、C、D四个不同地段的店铺进行对比分析，四个地址的周边环境如下：

A：周边有两个住宅区、一家医院、一个小型商场

B：周边有一个汽车站、一个美食广场

C：周边有三所学校，分别是一所小学、一所初中和一所高中

D：周边有一个公园、一个大型商场、三个住宅区

通过实地调查法、大量观察法，收集到四个地址的人群流量、进店购买率、租金的信息，见表1-1。

表 1-1　四个地址的相关信息

地段	人群流量 / 人	进店购买率 /%	月租金 / 元
A	3 680	60	3 280
B	4 800	72	4 200
C	4 250	78	3 500
D	4 500	75	4 300

◎活动要求

请分析零度奶茶店店铺选址活动中，统计工作、统计资料和统计学这三层含义是如何体现的。

◎活动实施

步骤1：统计工作，即统计实践活动。零度奶茶店业务员对通过调查收集到的信息进行整理、分析的过程，就是统计工作。

步骤2：统计资料，即统计工作所获得的成果。业务员通过观察、计算得出的人群流量、进店购买率和月租金等数据汇总，就是统计资料。

步骤 3：统计学，即统计理论。在店铺选址活动中，业务员采用的是实地调查法、大量观察法，对足够多的个体进行观察和分析而得出人群流量和进店购买率，这里用到的统计原理和方法，就是统计学。

分析：店铺选址需要考虑地理位置、人群流量、繁华程度、附近居民构成（消费群体）、消费者购买能力、租金、交通状况等因素，再结合对自身奶茶店的定位，通过综合分析，最终选择了 B 地段的店铺。

三、统计学的研究对象及其特点

（一）统计学的研究对象

统计学的研究对象是大量客观事物的数量特征和数量关系，即统计研究所要认识的客体，它决定统计学的研究领域及相应的研究方法。

（二）统计学研究对象的特点

1. 数量性

数量性是统计学研究对象的基本特点，"数据是统计的语言，数字是统计的原料"这句话指的就是统计的数量性。统计数据是客观存在的、具体的、有时空条件的量，统计研究是密切联系现象的质来研究它的量，并通过量反映现象的本质。

2. 总体性

统计学是以客观现象总体的数量作为自己的研究对象，即统计的数量研究是对现象总体中各单位普遍存在的事实进行大量观察和综合分析，得出反映现象总体的数量特征。客观事物的个别现象通常有其特殊性、偶然性，而总体现象则具有相对的普遍性、稳定性，是有规律的，研究现象总体的数量特征，有助于加深对现象规律性的认识。当然，统计研究应从调查个别单位入手，最终达到研究现象总体特征的目的。

3. 变异性

客观事物是不断变化发展的，构成统计总体的个体是有差异的，这种差异在统计中称为变异。总体各单位的变异反映出个体的特殊性、偶然性，而对总体现象的数量研究则要从个体的差异中归纳概括出总体的特征，显示出现象的普遍性和必然性，显示出总体的数量特征和数量关系。变异是统计的前提，如果没有变异，就不需要统计。

【数据解读】

　　全国人口普查是由国家来制定统一的开展时间节点和统一的方法、项目、调查表，各地相关部门严格按照指令依法对全国现有人口普遍地、逐户逐人地进行一次全项调查登记，普查重点是掌握、分析、预测各地现有人口发展变化，主要就是了解性别比例、出生性别比、单身人口、适婚人口、老龄人口等，全国人口普查也属于国情国力调查。2021 年 5 月 11 日，第七次全国人口普查主要数据结果公布，全国人口约 141 178 万人（不含港澳台人口数）。其中，"全国人口约 141 178 万人"反映的是数量性特点；全国人口普查调查的对象是全国所有人口，这是总体性特点；而每个人在年龄、性别、学历、职业、性格、爱好等方面都是有差异的，这就是变异性。

【技能提升】

登录国家统计局官网查找统计数据

　　在平时的工作中，人们难免需要查找一些统计数据，为了保证数据来源的真实可靠，可以通过访问国家统计局官方网站进行查找。例如，查找近 5 年国内生产总值的数据，操作步骤如下：

　　（1）打开浏览器，输入国家统计局网址；

　　（2）在菜单栏找到"统计数据"，单击进入统计数据界面，可看到有数据查询、数据解读、统计公报等内容；

　　（3）单击"数据查询"中的"年度数据"；

　　（4）在弹出的"国家数据"页面中左侧的菜单栏单击"国民经济核算"，再单击展开的列表中"国内生产总值"；

　　（5）在右上角的"时间"栏进行筛选，选择"最近 5 年"；

　　（6）即可显示最近 5 年的国内生产总值数据。

　　目前，国家统计局官方网站提供四种查询数据的方式：

　　（1）"最新发布"，国家统计局官网是国家统计局发布统计信息的主要渠道之一，每逢月度、季度、年度等统计信息发布日，在国家统计局官网"最新发布"栏目都会发布新闻稿。它的发布时间与每年的"国家统计局主要统计信息发布日程表"一致，是公众获取最新统计数据的首选。

　　（2）国家统计数据库包括中华人民共和国成立后历年月度、季度、年度数据，可通过数据库"搜索"、在菜单栏中选择"指标"等方式，方便快捷地查询到不同时间节点分地区、分专业的数据。这是公众快速查阅统计指标及系列数据的最便捷方法。

　　（3）查阅统计出版物，可通过中国统计年鉴、统计公报等统计出版物进行查询。

（4）关键字检索，在国家统计局官网首页搜索栏中输入关键字进行检索，可以查看已发布的新闻稿件和各类统计数据。

思维拓展

"数据会说话，统计伴我行"

在各类社会活动中，总有大量的统计活动相伴，如微信支付中的记账统计、微信运动的步数排行榜等。请运用思维导图把你身边与统计相关的活动或经济现象列举出来，并进行分类、整理，具体说明统计工作、统计资料和统计学。

自我检测

一、单选题（共 5 题，每题 5 分，共 25 分）

1.大数据是指（　　　）。

　A.可以用常规软件工具进行收集的数据集合

　B.容量大、类型多、存储速度快、应用价值低的数据集合

　C.无法在有限时间内用常规软件工具对其进行获取、存储、管理和处理的数据集合

　D.大量、分散的数据整合在一起

2.大数据的特征不包括（　　　）。

　A.存储容量大　　　　　　　　　　B.表现的形式单一

　C.应用价值高，为社会发展服务　　D.存储速度快

3.统计工作与统计学是（　　　）的关系。

　A.统计活动过程与活动成果　　　　B.现象与本质

　C.统计实践与统计理论　　　　　　D.感性认识与理性认识

4."请统计一下我们公司'双11'当天的商品交易额"中的"统计"指的是（　　　）。

　A.统计资料　　　B.统计工作　　　C.统计学　　　　D.统计理论

5.（　　　）是统计学研究对象的基本特点。

　A.数量性　　　B.总体性　　　C.变异性　　　D.客观性

二、多选题（共 3 题，每题 6 分，共 18 分）

1. 统计资料具体表现为（　　　　）。

　　A. 统计表　　　　　　　　　　　　B. 统计图

　　C. 统计公报　　　　　　　　　　　D. 统计年鉴

　　E. 统计手册及统计分析报表

2. 统计学研究对象的特点包括（　　　　）。

　　A. 总体性　　　　B. 数量性　　　　C. 数据性　　　　D. 变异性

3. 在实际工作中，根据使用场合的不同，统计的含义包括（　　　　）。

　　A. 统计分析　　　　B. 统计资料　　　　C. 统计学　　　　D. 统计工作

三、判断题（共 5 题，每题 5 分，共 25 分）

（　　）1. 统计学是统计工作的经验总结和理论概括。

（　　）2. 统计是人们正确运用统计理论和方法收集、处理、分析、解释数据并从数据中得出结论
　　　　　的实际操作过程，是人们从数据上对客观世界的一种认识活动和结果。

（　　）3. 统计学是先于统计工作而发展起来的。

（　　）4. 统计活动的目的是取得统计资料，统计资料的取得必须依靠统计活动来完成。

（　　）5. 变异是统计的基本特点，如果没有变异，就不需要统计。

四、综合题（共 4 题，每题 8 分，共 32 分）

请写出以下情境中"统计"一词分别是什么含义。

1. 老张已从事统计几十年。＿＿＿＿＿＿＿＿＿＿＿＿＿＿＿＿＿＿

2. 据国家统计局发布的统计公报显示，2020 年全年国内生产总值 1 015 986.2 亿元，比上年增长

　　2.3%。＿＿＿＿＿＿＿＿＿＿＿＿＿＿＿＿＿＿

3. 请统计一下今天 A 产品的销售量。　＿＿＿＿＿＿＿＿＿＿＿＿＿＿＿＿

4. 小锋大学就读的专业是统计。　＿＿＿＿＿＿＿＿＿＿＿＿＿＿＿＿

任务 1.2　认知统计工作

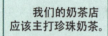 **学习目标**

- 会陈述统计工作过程的五个阶段。
- 能根据统计工作过程设计并开展统计活动。
- 善于发现规律，培养分析思维。

职业情景

在零度奶茶店店铺位置确定后，三个合伙人开始商量产品定位，奶茶店应该主打什么饮品呢？

我们的奶茶店应该主打珍珠奶茶。

我们应该提前做好市场调查，综合考虑消费者的需求。

现在很多年轻人喜欢喝水果茶。

为了确定产品定位，三个合伙人开展了市场调查，制订方案，设计和发放问卷，收集、整理和分析数据，最后得出结论，这就是统计工作过程。

知行联动

大数据时代带给我们的不仅是工作、生活上的便捷，更重要的是促进了人类社会的发展。面对如此庞大的数据量，要想从中获取有价值的信息，统计工作尤为重要。大数据时代下的统计工作，就是在大量的数据信息中收集和整理重要的信息，最终将这些数据信息反映到电子计算机设备中，再通过大量的数据对其进行深入的分析，从而得出重要且具有一定价值的结论。

一、统计的工作过程

从理论上讲，一个完整的统计工作过程包含五个阶段，见图1-3。

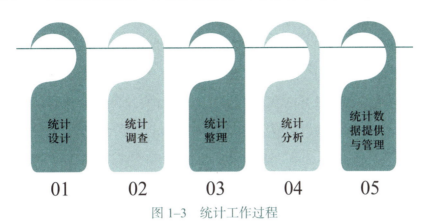

图 1-3 统计工作过程

（一）统计设计

统计设计是在正式进行具体统计工作之前，根据统计研究的目的和统计对象的性质，对统计工作的各方面和各环节所进行的总体规划与全面安排。统计设计的结果表现为各种设计方案，如统计调查方案、资料汇总或整理方案、统计报表制度以及统计分类目录等。

（二）统计调查

统计调查是根据统计研究的任务和统计设计的调查方案要求，运用科学的调查方法有组织地收集被研究对象的各项数字或文字资料。这是实际统计工作的起点，也是进行统计资料整理和分析的基础。这个阶段所收集的资料是否准确、及时、完整，直接关系到统计整理的好坏，关系到统计分析结果的正确与否，决定着统计工作的质量。

（三）统计整理

统计整理是指根据统计研究的目的，将统计调查所取得的资料进行科学的分类、汇总、列表的加工处理过程。统计整理使分散的、不系统的原始资料条理化、系统化，从而能够说明现象总体的特征，为统计分析打下基础。统计整理处于统计工作的中间环节，起着承前启后的作用。

（四）统计分析

统计分析是根据统计研究的目的，综合运用各种分析方法和统计指标，对加工整理后的资料和具体情况进行定性与定量的分析，并对未来进行预测。统计分析是统计工作获取成果的阶段，能揭示现象本质和得到发展变化规律的结论。

（五）统计数据提供与管理

统计数据提供是指将统计工作的成果以各种方式向社会各界提供。这是统计资料开发利用、体现统计数据的价值，实现统计信息社会化的重要阶段。

数据解读

　　2020 年是"双 11"的第 12 个年头，由于受前期新冠肺炎疫情影响，人们的消费习惯发生改变，加上直播电商的快速发展，2020 年"双 11"人们的消费热情空前高涨。2020 年天猫销售额再创新高，根据天猫公布的数据显示，天猫"双 11 全球狂欢季"期间（11 月 1 日—11 月 11 日）近 8 亿消费者参与，累计成交金额达 4 982 亿元，比 2019 年同期增长了 1 032 亿元，同比增长 26%，为过去三年以来的最高增速。2020 年天猫"双 11"实时物流订单突破 23.21 亿单，约等于 2010 年全国快递量总和。这一系列惊人的数据都来自天猫网站后台对数据的收集、整理和分析。由此可见，统计工作在社会经济发展中发挥着巨大的作用，没有统计工作，人们又如何能知道"双 11"对生活影响力如此之大呢？企业又如何能知道"双 11"创造了如此大的经济效益呢？

二、统计研究的基本方法

（一）大量观察法

　　大量观察法是统计调查阶段的基本方法，是指在研究客观事物现象及其发展变化时，对所研究总体的全部或足够多的个体进行观察和综合分析的一种统计研究方法。由于社会经济现象极其复杂，各个个体的数量特征有很大差别，因此必须从总体出发，收集大量个体的资料，才能从中发现经济现象的规律性。

（二）统计分组法

　　统计分组法是统计整理阶段的基本方法，也是贯穿统计工作全过程的方法。统计分组法就是根据统计任务和被研究现象总体的特点，按确定的标志，将现象总体分为性质不同的类型或组别的一种统计研究方法。

（三）综合指标法

　　综合指标法就是根据整理汇总后的统计资料，运用一系列的综合指标对现象总体的数量特征和数量关系进行综合分析的一种统计方法。综合指标法主要用于统计分析阶段，利用综合指标法，可以计算分析研究对象的总体规模、相对水平、平均水平和差异程度等。

（四）抽样推断法

　　抽样推断法是一种从局部推断总体，来认识总体特征的方法。它是扩大统计认识范围、充分发挥统计的认识作用的重要手段，也是统计分析方法科学化的重要体现。

活动 1.2.1

◎**活动描述**

在确定了店铺地址后，零度奶茶店合伙人便开始思考产品定位，根据店铺所在的地理位置及市场调查结果，他们最终确定经营的产品以中端产品为主，低端、高端产品为辅。在市场调查中，他们制定了调查方案和调查问卷，随机抽取了 200 人作为调查样本，其中关于"奶茶价格"的调查收集到的数据资料见表 1-2。

表 1-2　关于"奶茶价格"的调查情况

能接受的奶茶价格范围 / 元	人数 / 人	比例 /%
10~15	68	34
15~20	102	51
20~25	20	10
25 以上	10	5
合计	200	100

◎**活动要求**

请说出零度奶茶店在产品定位的市场调查活动中如何体现统计工作过程的五个阶段。

◎**活动实施**

步骤 1：根据研究目的，在开展调查之前制定关于奶茶消费的统计调查方案和调查问卷，这是统计设计阶段。

步骤 2：确定消费群体，通过随机抽样和问卷星的方式来发放问卷进行调查，这是统计调查阶段。

步骤 3：将调查取得的数据资料进行分类、汇总和列表的加工处理，这是统计整理阶段。

步骤 4：综合运用各种方法来分析调查结果，最终得出"以中端产品为主，低端、高端产品为辅"的结论，这是统计分析阶段。

步骤 5：形成统计调查报告，向公司和社会提供有价值的信息，这是统计数据提供与管理阶段。

技能提升

Excel作为数据处理的工具，拥有电子表格、函数、图表、数据处理等功能，可以帮助人们将繁杂的数据转化为有效信息，提升工作效率。本书重点讲解Excel数据处理和分析的工具，具体的应用会在各个任务活动中体现。

Excel操作技能：引用数据

利用Excel处理数据，需要经常引用数据，因此引用是必须掌握的重要技能点。引用方式有三种：相对引用、绝对引用和混合引用。

1. 相对引用

相对引用就是相对于位置变动而变动的引用。例如：利用相对引用计算某公司防疫物品采购需求表的金额。操作步骤如下：

（1）打开技能提升素材文件夹中的"任务1.2"工作簿，"相对引用"工作表。

（2）单击选择D3单元格，输入公式"=B3*C3"，按回车键确定，显示结果为"770.00"。

（3）单击选择D3单元格，当鼠标变成填充柄后，将公式往下复制至D9单元格，显示结果见图1-4。

图1-4　相对引用的取值结果

2. 绝对引用

绝对引用即引用的是某一固定单元格的值，这里的固定就是对单元格的行和列都进行锁定。如利用绝对引用计算某公司防疫物品调价后的单价。操作步骤如下：

（1）打开技能提升素材文件夹中的"任务1.2"工作簿，"绝对引用"工作表。

（2）单击选择C4单元格，输入公式"=B4*$F$2"，按回车键确定，显示结果为"42.35"。此处引用固定的单元格是F2。

（3）单击选择 C4 单元格，当鼠标变成填充柄后，将公式往下复制至 C10 单元格，显示结果见图 1-5。

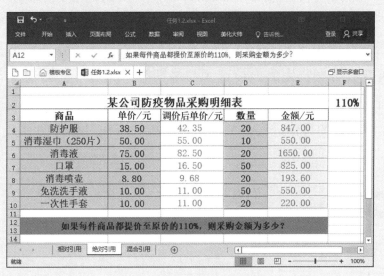

图 1-5 绝对引用的取值结果

3. 混合引用

混合引用分为只锁定行和只锁定列两种。锁定行时，不管单元格在哪一行，它永远都锁定在某一行，但是列会随着变化。同理，锁定列时，不管单元格在哪一列，它永远都锁定在某一列，但是行会随着变化。例如：利用混合引用计算贷款利息金额。操作步骤如下：

（1）打开技能提升素材文件夹中的"任务 1.2"工作簿，"混合引用"工作表。

（2）单击选择 B5 单元格，输入公式"=\$A5*B\$4"，按回车键确定，显示结果为"315.00"。

（3）单击选择 B5 单元格，当鼠标变成填充柄后，将公式往右复制至 F5 单元格，再选定 B5: F5 单元格，当鼠标变成填充柄后，双击往下复制至 F9 单元格，显示结果见图 1-6。

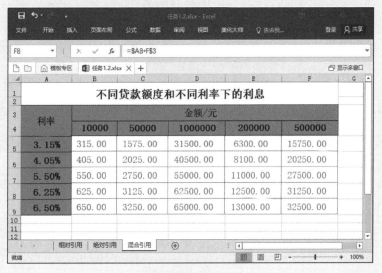

图 1-6 混合引用的取值结果

思维拓展

根据《全国经济普查条例》规定，经济普查每 5 年进行一次，国务院决定于 2018 年开展第四次全国经济普查。2017 年是第四次全国经济普查的筹备阶段，主要是研究普查的总体方案和开展专项试点；2018 年是普查的准备阶段，主要是组建各级普查机构，开展宣传动员，制订和部署普查方案，完成人员选调与培训等；2019 年是普查登记、数据审核处理和普查结果发布阶段；2020 年为普查资料出版和利用普查结果开展课题研究阶段。请分析说明第四次全国经济普查的具体进程是如何体现"统计工作过程"的。

自我检测

一、单选题（共 5 题，每题 5 分，共 25 分）

1. 统计工作的基础是（　　　）。

　　A. 统计设计　　　　B. 统计调查　　　　C. 统计整理　　　　D. 统计分析

2. （　　　）是在正式进行具体统计工作之前，根据统计研究的目的和统计对象的性质，对统计工作的各方面和各环节所进行的总体规划与全面安排。

　　A. 统计设计　　　　B. 统计调查　　　　C. 统计整理　　　　D. 统计分析

3. 统计整理使分散的、不系统的（　　　）条理化、系统化，从而能够说明现象总体的特征，为统计分析打下基础。

　　A. 次级资料　　　　B. 调查问卷　　　　C. 统计报表　　　　D. 原始资料

4. 通过发放调查问卷，了解消费者的消费习惯，这是统计工作的（　　　）阶段。

　　A. 统计设计　　　　　　　　　　　B. 统计服务

　　C. 统计调查　　　　　　　　　　　D. 统计整理

　　E. 统计分析

5. 某企业将职工分为工人、技术人员、管理人员、服务人员、其他人员五大类，通过计算一定时期各类人员占全部职工的比重，反映出企业职工的内部结构和规律性，这种研究方法是（　　　）。

　　A. 大量观察法　　　B. 统计分组法　　　C. 综合指标法　　　D. 抽样推断法

二、多选题（共 4 题，每题 5 分，共 20 分）

1. 统计的工作过程一般包括（　　　　　）。

　　A. 统计设计　　　　　　　　　　　B. 统计调查

　　C. 统计整理　　　　　　　　　　　D. 统计分析

　　E. 统计数据提供与管理

2.统计的基本研究方法有（　　　　　）。

A.个别法 B.大量观察法

C.统计分组法 D.综合指标法

E.抽样推断法

3.综合指标法主要用于统计分析阶段，利用综合指标法，可以计算分析研究对象的（　　　　　）。

A.总体规模 B.相对水平 C.平均水平 D.差异程度

4.统计设计的结果表现形式有（　　　　　）。

A.统计调查方案 B.统计资料汇总 C.统计报表制度 D.统计分类目录

三、判断题（共5题，每题5分，共25分）

（　　　）1.统计调查阶段收集的资料是否准确、及时、完整，不会影响到统计分析结果的正确性，也不会影响统计结果的质量。

（　　　）2.统计工作各环节虽然有先后之分，但它们是紧密联系、不可分割的整体。在实际工作中，统计各环节的工作也常常是交叉进行的。

（　　　）3.统计整理既是统计调查的继续，又是统计分析的前提，在统计工作中起承上启下的作用。

（　　　）4.大量观察法是统计整理阶段的基本方法。

（　　　）5.统计设计属于统计工作的准备阶段。

四、综合分析题（共1题，30分）

某奶茶店店长为了解员工的缺勤情况和原因，制定并落实考勤制度，加强企业管理，指派专人负责记录员工每天的出勤情况，同时还制定了"××奶茶店考勤情况记录表"（见表1–3），每周做一次分类、汇总，根据"考勤情况记录表"分析员工缺勤的原因，以便企业管理者及时给予调控，加强企业管理。最后，定期公布考勤情况，让全体员工共同参与管理，对全勤的员工进行奖励，增强集体荣誉感。

表 1–3 ×× 奶茶店考勤情况记录表

日期	总人数/人	全勤人数/人	迟到/人	公假/人	事、病假/人	早退/人	旷工/人

请分析该奶茶店在考勤工作中是如何体现统计工作过程的五个阶段的。

夯实数字经济发展底座（人民时评）

来源：《人民日报》（2021年7月6日第5版）

大数据时代，算力成为重要的生产力。如何促进数据高效流通，更好支撑数字经济蓬勃壮大，成为当前发展面临的新课题。近日，国家发展改革委、中央网信办、工业和信息化部、国家能源局联合印发《全国一体化大数据中心协同创新体系算力枢纽实施方案》，明确提出将布局建设8个全国一体化算力网络国家枢纽节点，并作为国家"东数西算"工程的战略支点，这为优化我国算力基础设施布局、推动数字经济发展擘画了蓝图。

习近平总书记强调："发挥数据的基础资源作用和创新引擎作用，加快形成以创新为主要引领和支撑的数字经济。"随着新一轮科技革命和产业变革兴起，5G、人工智能等新一代信息技术产业迅速崛起，千行百业数字化转型升级进度加快，使得全社会数据总量爆发式增长，数据资源存储、计算和应用需求大幅提升。近年来，以数据中心、超级计算中心等为代表的算力基础设施加快建设，正在成为支撑数字经济发展的重要底座。相关研究报告显示，计算力指数平均每提高1个百分点，数字经济产值和GDP将分别增长3.3‰和1.8‰。可以说，算力"地基"夯实与否，关系到数字经济这座"大厦"能否巍然屹立。

今天，我国数字经济蓬勃发展的同时，也带来了超大的数据"体量"。据统计，2015年以来，我国数据增量年均增速超过30%，数据中心规模从2015年的124万家，增长到2020年的500万家，成为全球数据资源大国。同时也要看到，尽管我国数据中心发展势头迅猛，但也存在一定程度的区域供需失衡问题。一些东部地区数据中心产业布局日趋密集，却面临能耗指标紧张、电力成本高等瓶颈；一些西部地区可再生能源丰富，气候、地质等条件适宜，数据中心产业绿色发展潜力较大。加快实施"东数西算"工程，就是要把东部的数据拿到西部处理运算，通过有序"算力西移"，实现东西部优势互补，既跑出数字经济发展的加速度，也提升区域协调发展的新高度。

加快实施"东数西算"工程，要充分注重绿色集约发展。数据中心等算力基础设施既是新兴产业，也是能耗大户。在实现碳达峰、碳中和目标的大背景下，绿色必须成为数据中心未来发展的主色调。应该看到，长期以来，西部地区产业结构偏重，再加上近年来承接东部地区传统产业转移需求，能耗强度和总量增长压力较大，在"算力西移"过程中，需要推动数据中心充分利用可再生能源，同时强化能耗监测管理，从建设、运营和维护等多个环节践行节能降耗目标任务，真正实现数据中心绿色可持续发展。

　　加快实施"东数西算"工程，要把发展生产力作为目的。东部供"数"，西部算"数"，但只有将数据转化为生产力，才能让发展动能更加澎湃。数据中心是支撑5G、人工智能、物联网等数字化应用的基础，在算力基础设施落地西部后，不妨以此为发端，打开产业发展想象空间，延展大数据产业链，将数据中心作为支点，撬动虚拟现实、增强现实、超高清视频、车联网等应用领域，不断拓展应用种类、提升应用发展水平，不断创造新型信息消费市场，为经济增长注入更多新动能。

　　数字化时代，谁掌握了数据，谁就掌握了发展主动权。相信以率先布局建设的全国一体化算力网络国家枢纽节点为战略支点，推进国家"东数西算"工程，构建数据中心、云计算、大数据一体化的新型算力网络体系，将为我国数字经济不断开拓新蓝海、在新发展阶段壮大新增长点注入更多信心与动能。

思政目标：

1. 认识实施"东数西算"工程对于推动我国数字经济发展的重大意义。
2. 学会发现事物之间的联系，并用持续发展的眼光分析问题。

小组讨论：

　　随着信息技术和人类生产生活交汇融合，互联网快速普及，全球数据呈现爆发增长、海量集聚的特点，大数据信息作为生产要素，连接了物质和能量，催生了产品和服务，促进了经济社会发展的"数字化"，形成了新的经济和产业形态，正深刻地改变着人类的生产和生活方式。请结合上述时政热点，分析大数据对数字经济发展的意义。

模块二 | 开展统计调查

你知道南极有多少只企鹅吗？也许要到南极"数一下"才会有答案；那你知道珠穆朗玛峰有多高吗？需要登顶"测一测"才有精确的数据。这里的"数一下""测一测"其实是在实施调查，调查是为了了解情况进行考察（多指到现场），以探寻事情的真相，找出答案，解决问题。

统计调查是按照预定的目的和要求，采用科学的方法，有计划、有组织地向客观实际收集统计资料的工作过程，属于调查的范畴。统计调查是开展一系列统计工作的前提。在实际统计工作中，为了提供有效的分析数据和资料，不仅要做统计调查，而且要做正确的统计调查。统计调查工作涉及统计调查方案、统计调查方式、资料收集方法等内容（见图 2–1）。

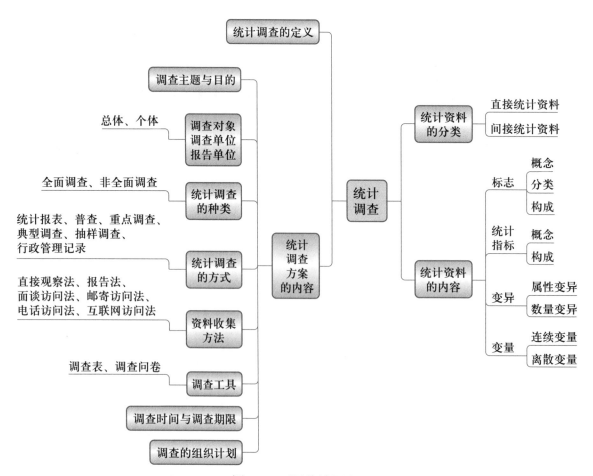

图 2–1　开展统计调查

任务 2.1　撰写统计调查方案

 **学习目标**

- 识记统计调查的定义。
- 熟记统计调查方案的内容。
- 能按调查目的拟定一份调查方案。
- 能根据调查需要明确调查范围，选择合适的调查方式和方法。
- 形成调查文案撰写的思维习惯。
- 提高文案设计的能力。

职业情景

零度奶茶店到了选择产品的时候，到底哪种奶茶更受大众欢迎呢？

市场上有各种各样的奶茶，我们的奶茶店要卖哪些奶茶呢？它的价格又是怎样的呢？我们要卖几种奶茶呢？

最后，通过讨论，三个合伙人决定先对奶茶产品做一个市场调查，在做市场调查之前，需要先制订一个计划，保证调查工作能够顺利进行。

知行联动

一、统计调查的定义

统计调查是按照预定的研究目的和要求，采用科学的方法，有计划、有组织地向客观实际收集统计资料的工作过程。

二、统计调查方案的内容

（一）确定调查主题，明确调查目的

统计调查首先需要确定调查主题，明确调查目的。调查主题一般用简洁清晰的语言对调

查进行描述，如"2020年某地区某产品市场调查"，描述一般涵盖调查时间、调查区域范围、调查主题内容等方面。明确调查目的，就是明确在调查中要解决哪些问题、通过调查取得什么样的资料、取得这些资料有什么用途等。

（二）确定调查对象、调查单位、报告单位

1. 调查对象——总体

调查对象是根据调查目的来确定调查的范围，即所要调查的统计总体，简称"总体"。它是由某些性质相同的个体所组成的整体。总体具有以下特点：

（1）同质性：是指所有个别事物在某一方面性质相同。同质性是构成统计总体的前提条件。

（2）大量性：是指构成总体的个别事物数目要足够多。大量性是形成总体的充分条件。

（3）差异性：是指各个个别事物除某一性质相同外，其他许多性质不同。例如，若全部的奶茶店都是一模一样的话，调查的意义就不大，差异性是形成总体的必要条件。

2. 调查单位——个体

调查单位是调查对象中的一个个具体单位，即所要调查的总体中的个体，又称为"总体单位"。它是调查中要调查登记的各个调查项目的承担者。

3. 报告单位

报告单位是负责向统计调查机构提交调查资料的单位。

数据解读

美团点评在2018中国饮品创新峰会上发布的《2019中国饮品行业趋势发展报告》显示：截至2018年第三季度，全国现制茶饮门店数达到41万家，一年内增长74%。

可将上述报告中"全国现制茶饮门店"（以下简称茶饮店）视为"总体"。它符合总体的三个特点：它是某一地区的所有茶饮店，它由许多个别茶饮店组成，它们主营产品都是茶饮品，属于同一行业，即"同质性"。全国有41万家茶饮店，突显了总体"大量性"的特点。而这41万家虽然同是茶饮店，但它们的产品、营业收入、销售方式……都有所区别，存在差异性，这是总体的"差异性"。而每家茶饮店则是"个体"。若这些数据由美团点评通过系统生成，则美团点评就成了"报告单位"。

三者关系：①总体与调查单位的关系：总体是由调查单位构成的，但总体与调查单位的概念不是固定不变的，它们随着研究目的的不同而相互转化，例如：所有茶饮店为总体时，每家茶饮店则是调查单位；当要研究一家茶饮店的内部情况（如员工情况）时，则该茶饮店所有员工就成为总体，各个员工是调查单位。②调查单位和报告单位的关系：调查单位和报

告单位有时是一致的，有时则不一致，这要根据实际调查的目的和情况来确定。例如，进行公办学校普查，每家公办学校既是调查单位，又是报告单位，而公办学校教职工人员普查，调查单位是每一位公办学校教职工，报告单位则是每一家公办学校。

（三）选择调查方式和方法

确定调查方式和方法就是要解决怎么调查、怎样收集资料的问题。是采用统计报表还是采用专门调查，是全面调查还是非全面调查，非全面调查是采用抽样调查还是重点调查或是典型调查，是采用口头询问法还是被调查者自填法等，这些都要在调查方案中确定。

1.统计调查的种类

按调查对象的范围不同，统计调查分为全面调查和非全面调查。

（1）全面调查：是对构成调查对象的所有单位进行逐一、无一遗漏的调查，包括全面统计报表和普查。例如，人口普查就要对全国人口无一例外地进行登记调查。全面调查由于调查的单位多、组织工作量大，所以需费大量的人力、财力，因此在不影响统计研究目的实现的条件下，常常采用非全面调查。

（2）非全面调查：是对调查对象中的一部分单位进行调查，包括非全面统计报表、抽样调查、重点调查和典型调查。其中，抽样调查是最重要的一种组织形式。

2.统计调查的方式

统计调查的方式主要有统计报表、普查、重点调查、典型调查、抽样调查、行政管理记录。

（1）统计报表：是按照国家统一规定的表格形式，自下而上地逐级提供统计资料的一种调查方式。

（2）普查：是专门组织的一次性的全面调查，用来调查属于一定时点上或时期内的现象的总量。因此，普查可以取得被研究事物总体的全面情况。

（3）重点调查：是一种非全面调查，它是在所要调查的总体中选择一部分重点单位进行的调查。其中，调查单位的标志值在总体中占绝大比重，重点调查能够大致反映被调查对象的基本情况。

（4）典型调查：是一种非全面调查，它是根据调查的目的与要求，在对被调查对象进行全面分析的基础上，有意识地选择若干具有典型意义或有代表性的单位进行的调查。

（5）抽样调查：是按照随机原则从调查总体中抽出一部分单位（在抽样调查中称作样本）进行调查，并根据调查取得的样本资料推算总体参数的调查方式。

样本：从总体中抽取一部分调查单位组成的集合体。

样本单位：被抽取的每一个调查单位。

样本容量：样本所包含的单位数。样本容量越大，误差越小。

常用的抽样方法有简单随机抽样、系统抽样、分层抽样、整群抽样。

简单随机抽样：是一种一步抽样法，它要求从总体中不加任何分组、划类、排队等，完全随机抽取多个调查单位作为样本的抽样方法。

系统抽样：是首先将总体中各单位按一定顺序排列，根据样本容量要求确定抽选间隔，然后随机确定起点，每隔一定的间隔抽取一个单位的一种抽样方式。

分层抽样：先将样本分为几个层次，在每个层里都要进行抽样。分层抽样要求各层之间的差异很大，层内个体或者单元差异小。分层抽样误差较小。

整群抽样：将样本分为若干个群，以群作为抽样单位，即从若干个群里抽取几个群。整群抽样要求群与群之间的差异比较小，群内个体或单元差异大。整群抽样误差较大。

（6）行政管理记录：是在收集统计资料时充分利用各个行政管理部门所记录的数据的调查方式。

3. 资料收集方法

在调查中，资料收集方法主要有以下几种。

（1）直接观察法：是由调查人员到现场对调查对象亲自进行观察和计量以取得资料的一种方法。

（2）报告法：亦称报表法，是由报告单位根据原始记录和核算资料，按照统计机关颁发的统一的表格和要求，按一定的呈报程序提供资料的方法。

（3）面谈访问法：是由访问员与被调查者见面，通过直接访问来填写调查问卷的方法。

（4）邮寄访问法：是通过邮寄问卷的方式对被调查者进行访问的方法。

（5）电话访问法：是通过电话对被调查者进行访问的方法。

（6）互联网访问法：是通过互联网对被调查者进行访问的方法，如电子邮件问卷、微信问卷星问卷和计算机辅助电话访问系统等。

（四）确定调查项目和选择调查工具

1. 调查项目

调查项目是指对调查单位所要调查的主要内容，也就是调查单位的各个标志的名称。标志是说明总体单位属性或特征的名称。例如：要了解奶茶店的员工情况，该奶茶店所有员工是一个总体，则每一位员工是调查单位，每一位员工的性别、年龄、职位、收入、学历等是其具有的特征，这些特征就称为标志，也是统计调查中的调查项目，即统计调查要采集的资料。

2. 调查工具

常用的调查工具有调查表、调查问卷。

（1）调查表：是将调查项目按一定的结构和顺序排列成的表格，见表2-1。

表 2-1　广州市番禺区奶茶消费者情况调查表

消费者购买行为方面					
姓名		性别		年龄	
对于奶茶的喜好程度				购买影响因素	
每周平均买奶茶次数				月收入	
所购买奶茶的偏好情况					
奶茶规格偏好					
奶茶价格范围					
奶茶品种偏好					

填表人：＿＿＿＿＿＿＿＿　　　　填表时间：＿＿＿＿＿＿＿＿

（2）调查问卷：是将调查项目以问卷形式提出，由被调查者自愿填选相关资料。问卷调查是一种国际通用的专项调查手段，也是我国目前进行专门调查的一种主要形式。调查问卷范例见表 2-2。

表 2-2　广州市番禺区奶茶消费市场调查问卷

您好！为了解广州市番禺区奶茶消费市场的情况，诚邀您参与此次调查。您的宝贵意见将有助于我们对奶茶市场的了解。非常感谢您的大力支持！

1. 您的性别是（单选）：

　　A. 男　　　　　　　　　　　　B. 女

2. 您喜欢喝奶茶吗？（单选）

　　A. 非常不喜欢　　　　　　　　B. 不喜欢

　　C. 一般　　　　　　　　　　　D. 喜欢

　　E. 非常喜欢

3. 您在购买奶茶时更倾向于选择（单选）

　　A. 350 mL（小杯）　　B. 450 mL（中杯）　　C. 500 mL（大杯）　　　　D. 660 mL（超大杯）

4. 您购买过的奶茶中，小杯（350 mL）原味奶茶的价格范围集中在（单选）：

　　A. 5~9 元　　　　　　　　　　B. 10~13 元

　　C. 14~17 元　　　　　　　　　D. 18~21 元

　　E. 22~25 元

5. 在奶茶店里，您买得较多的是（多选）：

　　A. 奶茶（加珍珠、椰果等）类　　　B. 净奶茶类

　　C. 奶盖奶茶类　　　　　　　　　　D. 水果茶类

　　E. 小食

续表

6. 您买奶茶的时候，比较关注以下哪些因素（多选）：

6. 您买奶茶的时候，比较关注以下哪些因素（多选）：

　　A. 奶茶口味　　　　　B. 价格　　　　　　C. 用料品质　　　　D. 购买方式

　　E. 包装　　　　　　　F. 品牌　　　　　　G. 店铺环境　　　　H. 服务

7. 您平均每周购买多少次奶茶？（单选）

　　A. 1 次及以下　　　　B. 2~3 次　　　　　C. 4~6 次　　　　　D. 7 次及以上

8. 您平均每周花在购买食品（如吃饭、零食）上的钱大概是多少？（单选）

　　A. 100 元及以下　　　B. 100~300 元　　　C. 300~500 元　　　D. 500 元及以上

9. 请问您的年龄属于（单选）

　　A. 11 岁及以下　　　　　　　　　　　　B. 12~15 岁

　　C. 16~18 岁　　　　　　　　　　　　　D. 19~21 岁

　　E. 22 岁及以上

感谢您的配合！

（五）规定调查时间和调查期限

（1）调查时间：是指调查资料所属的时间。如果所要调查的是时期现象，就要明确规定登记从何时起到何时止的资料。如果所调查的是时点现象，就要明确规定统一的标准调查时点。

（2）调查期限：是指进行调查登记工作开始到结束的时间。

数据解读

　　2020 年我国开展了第七次全国人口普查，普查工作时间是 2020 年 10 月 11 日至 12 月 10 日，普查标准时点是 2020 年 11 月 1 日零时，彻查人口出生变动情况以及房屋情况。我国第七次全国人口普查的"调查时间"是"2020 年 11 月 1 日零时"，"调查期限"是"2020 年 10 月 11 日至 12 月 10 日"

（六）安排调查的组织计划

调查的组织计划是指为确保实施调查的具体工作计划。它主要包括调查的组织领导、调查机构的设置、人员的选择和培训、经费来源、工作步骤及其善后处理等内容。

活动 2.1.1

◎**活动描述**

　　零度奶茶店的三个合伙人通过讨论一致认为，想要做好产品选择，首先要了解消费市场的情况，他们决定先开展奶茶产品市场调查。为了保证调查工作顺利进行，需要制订一份《统计调查方案》。

◎**活动要求**

假如你是负责这次调查的合伙人，请运用统计调查的知识，根据表2-3完成一份《统计调查方案》。

◎**活动实施**

步骤1：制订方案框架。根据统计调查方案的内容，列出方案的框架，一般包括五个方面：确定调查目的；明确调查对象、调查单位和报告单位；制定调查项目和调查表；选择调查方式和调查方法；规定调查地点、时间及组织计划等。

步骤2：撰写方案具体内容。根据步骤1列出的框架，写出其每一项的具体内容，填入表2-3。

步骤3：结合实施情况及时修改、调整调查方案，以便顺利完成调查工作。

表2-3　统计调查方案

＿＿＿＿年＿＿＿＿＿＿＿地区奶茶消费市场调查方案

撰写人：＿＿＿＿＿＿＿＿＿　　年　月　日

1. 确定调查目的

　调查目的：＿＿＿＿＿＿＿＿＿＿＿＿＿＿＿＿＿＿＿＿＿＿＿＿＿＿＿＿＿＿＿＿＿＿

2. 明确调查对象、调查单位和报告单位

　（1）调查对象：＿＿＿＿＿＿＿＿＿＿＿＿＿＿＿＿＿＿＿＿＿＿＿＿＿＿＿＿＿＿＿

　（2）调查单位：＿＿＿＿＿＿＿＿＿＿＿＿＿＿＿＿＿＿＿＿＿＿＿＿＿＿＿＿＿＿＿

　（3）报告单位：＿＿＿＿＿＿＿＿＿＿＿＿＿＿＿＿＿＿＿＿＿＿＿＿＿＿＿＿＿＿＿

3. 选择调查方式和调查方法

　（1）调查方式：＿＿＿＿＿＿＿＿＿＿＿＿＿＿＿＿＿＿＿＿＿＿＿＿＿＿＿＿＿＿＿

若选择抽样调查方式，请写出样本容量：＿＿＿＿＿＿＿＿＿＿＿＿＿＿＿＿＿＿＿＿＿

　（2）调查方法：＿＿＿＿＿＿＿＿＿＿＿＿＿＿＿＿＿＿＿＿＿＿＿＿＿＿＿＿＿＿＿

4. 确定调查项目和选择调查工具

　（1）调查项目：＿＿＿＿＿＿＿＿＿＿＿＿＿＿＿＿＿＿＿＿＿＿＿＿＿＿＿＿＿＿＿

　（2）调查工具：＿＿＿＿＿＿＿＿＿＿＿＿＿＿＿＿＿＿＿＿＿＿＿＿＿＿＿＿＿＿＿

5. 规定调查时间和调查期限

　（1）调查时间：＿＿＿＿＿＿＿＿＿＿＿＿＿＿＿＿＿＿＿＿＿＿＿＿＿＿＿＿＿＿＿

　（2）调查期限：＿＿＿＿＿＿＿＿＿＿＿＿＿＿＿＿＿＿＿＿＿＿＿＿＿＿＿＿＿＿＿

6. 安排调查的组织计划

　（1）费用预算：＿＿＿＿＿＿＿＿＿＿＿＿＿＿＿＿＿＿＿＿＿＿＿＿＿＿＿＿＿＿＿

　（2）人员安排：＿＿＿＿＿＿＿＿＿＿＿＿＿＿＿＿＿＿＿＿＿＿＿＿＿＿＿＿＿＿＿

技能提升

调查时可以根据调查的范围、调查的方式方法，借助信息化工具以提高调查工作效率，如微信接龙、在线文档、问卷网、问卷星等。其中使用问卷星前，需要注册个人账号，操作步骤如下：

注册问卷星
操作手册

（1）打开浏览器，通过网页搜索"问卷星"，单击"问卷星官网"，进入问卷星登录界面。

（2）单击页面右上角"注册"按钮，进入问卷星注册界面，见图2-2，根据提示按要求设置账号、密码，阅读《用户服务协议》和《隐私条款》后，勾选该项，单击"创建用户"，完成账号注册。

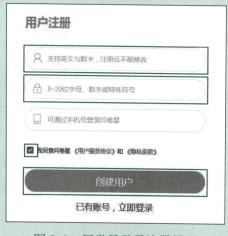

图 2-2 问卷星登录注册界面

思维拓展

我国每十年进行一次人口普查。2020 年我国开展了第七次人口普查，2021 年 5 月 11 日，国家统计局网站发布了第七次全国人口普查公报第一号至第八号文件。请登录国家统计局网站查看这八份公报，并完成以下内容：

（1）结合表 2-3，为下一次全国人口普查简要拟定一份调查方案。

（2）思考：作为人口普查的调查对象，我们应该在人口普查中如何做？

 自我检测

一、单选题（共 5 题，每题 5 分，共 25 分）

1. 统计调查有全面调查和非全面调查之分，它们划分的标志是（　　）。

　A. 是否进行登记、计量　　　　　　　　B. 是否按期填写调查表

　C. 是否制订调查方案　　　　　　　　　D. 是否对所有组成总体的单位进行逐一调查

2. 全面调查是对调查对象所有单位的调查。下列属于全面调查的是（　　）。

　A. 就某电商平台服装网店中的重点单位进行调查

　B. 对某电商平台的全部网店进行普查

　C. 了解某网店的销售情况

　D. 抽选一部分食品网店对已有的资料进行复查

3. 某网店的评价数据近期出现异常，平台的管理人员发电子邮件给店主询问情况。这种数据的收集方法称为（　　）。

　A. 面谈访问法　　　　　　　　　　　　B. 邮寄访问法

　C. 直接观察法　　　　　　　　　　　　D. 互联网访问法

4. 调查单位和调查对象是个体和总体的关系。如果调查对象是某电商平台全部网店，则调查单位是（　　）。

　A 该电商平台的每家网店　　　　　　　B. 该电商平台每家店的店长

　C. 该电商平台的每一个消费者　　　　　D. 某电商平台

5. 某电商平台通过系统随机抽取食品类网店的评价数据进行监督、核查，这是采用了（　　）。

　A. 系统抽样　　　　B. 整群抽样　　　　C. 简单随机抽样　　　　D. 分层抽样

二、多选题（共 5 题，每题 5 分，共 25 分）

1. 统计调查按对象的范围不同可分为（　　　　）。

　A. 全面调查　　　　B. 专门调查　　　　C. 非全面调查　　　　D. 统计报表

2. 非全面调查是仅对一部分调查单位进行调查的调查方式方法，下列属于非全面调查的有（　　　　）。

　A. 重点调查　　　　B. 抽样调查　　　　C. 普查　　　　　　　D. 典型调查

3. 在奶茶店制茶饮设备调查中，（　　　　）。

　A. 所有的奶茶店是调查对象　　　　　　B. 奶茶店的所有制茶饮设备是调查对象

　C. 每台制茶饮设备是调查单位　　　　　D. 每台制茶饮设备是报告单位

4. 小锋为了更好地了解奶茶店的市场情况，他走访了几家奶茶店，并与店长交谈，还通过问卷星发放电子问卷收集数据。小锋使用到的资料收集方法有（　　　　　）。

　　A. 直接观察法　　　　　　B. 报告法　　　　　　C. 面谈访问法　　　　　　D. 互联网访问法

5. 调查对象是根据调查目的来确定调查的范围，即所要调查的统计总体，其特点有（　　　　　）。

　　A. 同质性　　　　　　B. 大量性　　　　　　C. 差异性　　　　　　D. 单一性

三、判断题（共 5 题，每题 5 分，共 25 分）

（　　）1. 在统计调查中，调查单位和报告单位有时是一致的。

（　　）2. 调查时间是指开始调查工作的时间。

（　　）3. 普查可以得到全面、详细的资料，但花费较大。

（　　）4. 小锋为开网店做准备，调查了几家极具特色的网店，他这是采用了典型调查方式。

（　　）5. 若调查对象是有线上销售的奶茶店，那调查单位就是每一家奶茶店。

四、综合分析题（共 25 分）

案例材料：为了了解我国国内电商平台，小锋在课余时间，选取了国内几家规模位列前茅的电商平台开展了调查。他计划从 2021 年 3 月 1 日开始，用一个月的时间收集这些平台 2020 年度的数据进行分析。根据以上描述请回答：

1. 案例中的调查对象是（　　　），调查单位是（　　　）。

　　A. 我国所有的电商平台　　　　　　　　B. 我国所有的网店

　　C. 我国每一个电商平台　　　　　　　　D. 我国每一家网店

2. 根据材料所述，调查时间是（　　　），调查期限是（　　　）。

　　A. 2021 年 3 月 1 日　　　　　　　　　B. 2021 年 3 月 1 日至 3 月 31 日

　　C. 2020 年 1 月 1 日　　　　　　　　　D. 2020 年 1 月 1 日至 12 月 31 日

3. 案例中小锋采用的调查方式方法是（　　　）。

　　A. 统计报表　　　　　　　　　　　　　B. 普查

　　C. 重点普查　　　　　　　　　　　　　D. 典型调查

任务 2.2　采集统计数据

- 区分统计资料的分类。
- 熟记标志的概念、分类、构成。
- 了解统计指标、变异、变量的概念。
- 会根据标志设计问卷。
- 能使用问卷星工具完成问卷调查工作。
- 培养设计问卷的逻辑思维。
- 培养运用信息化技术进行调查工作的习惯。

职业情景

　　零度奶茶店三个合伙人已经制订好调查方案，并一致决定使用问卷调查的方式收集资料。

我们是不是要提前准备好问卷？我们的问卷调查什么内容呢？

没错，我们需要根据调查的目的设计好调查问卷，然后，还要决定具体怎么发放问卷……

知行联动

一、统计资料的分类

根据统计资料是否经过加工整理，统计资料可分为直接统计资料与间接统计资料。

（一）直接统计资料

直接统计资料属于一手资料，是指收集未做过任何加工整理的原始资料。直接统计资料需要经过调查者根据调查目的，开展统计调查，自行收集、整理来获取。由于一手资料是按照调查目的采集的，其更具针对性、科学性。

（二）间接统计资料

间接统计资料属于二手资料，是他人为其他研究目的已经进行调查、整理过的资料，可以通过书籍、文献、网络等载体获取，采集过程简单，但二手资料是为其他研究目的采集的资料，针对性弱，不一定符合调查需求。

二、统计资料的内容

调查要统计什么内容，是由调查目的来决定的，调查对象则划定了调查的范围。一手资料一般需要收集调查对象的属性或特征资料，即标志及其属性、数值。二手资料则更多收集到已经经过加工的统计指标及其数值。

（一）标志

1. 标志的概念

标志是说明总体单位属性或特征的名称。它是统计调查中的调查项目，即统计调查要采集的资料。例如，要了解某一地区奶茶店的情况，该地区所有的奶茶店是一个调查的总体，则每一家奶茶店是总体单位，那每一家奶茶店的规模、产品、员工人数、营业额等都是其具有的特征，这些特征就称为标志。

2. 标志的分类

按性质不同，标志可分为品质标志和数量标志。品质标志是表明总体单位属性的特征，如奶茶店的规模、顾客的性别等。数量标志是表明总体单位数量的特征，如奶茶店的销售量、销售收入、员工人数、顾客的年龄等。

3. 标志的构成

一个完整的标志应该包括标志的名称与标志的具体表现，在标志名称之后所列示的属性或数值就是标志的具体表现。品质标志的具体表现一般是用文字来说明的；数量标志的具体表现是用数值来说明的，数量标志的具体取值称为标志值，且标志值间有数量。

标志是由标志名称和具体表现构成的，见表2-4。

表 2-4　标志名称和具体表现

	标志名称	具体表现	
品质标志	性别	男或女	标志属性
	经济类型	国有、股份制、民营……	
数量标志	顾客年龄	18岁、19岁……	标志值
	营业额	6 000万元、15 000万元……	

可见，标志名称是调查的项目，标志的具体表现是调查的结果，而标志的承担者是总体单位。

（二）统计指标

统计指标是反映总体现象数量特征的概念和具体数值，简称指标。统计指标由六个要素构成：时间限制、空间限制、指标名称、指标数值、计量单位、计算方法。这六个要素可归结为两个主要部分：指标概念和指标数值。

数据解读

美团点评 2018 中国饮品创新峰会上发布的《2019 中国饮品行业趋势发展报告》对国内城市现制饮品外卖市场发展情况进行了分析：全国现制茶饮外卖商家数持续增长，2018 年第三季度较上年同期增长 56.8%。

上述材料体现了"统计指标"的六个构成要素：

时间限制——2018 年第三季度

空间限制——国内城市现制饮品外卖市场

指标名称——全国现制茶饮外卖商家数增长速度

指标数值——56.8%

计量单位——家

计算方法——环比增长速度计算方法（具体计算方法将在后面章节详细介绍）

标志与指标的区别与联系：

1. 区别

标志是表明总体单位特征的；指标是表明总体特征的。标志可以用数量表示，即为数量标志，也可用文字表示，即为品质标志；而指标都是用数量来表示的。

2. 联系

统计指标是以相应的总体单位及其数量标志值为基础的，它是相应各总体单位的数量标志值的汇总与综合。由于总体和总体单位不是固定不变的，标志与指标也会随之互相转换。

（三）变异与变量

1. 变异

标志的具体表现在同一总体不同总体单位之间的差异称为变异。变异分为属性变异和数量变异。例如：顾客的性别标志表现为男、女；年龄标志表现为 20 岁、30 岁等。变异是普遍存在的，这是统计核算的前提条件，没有变异则无须统计。

2. 变量

可变的数量标志和所有的统计指标称作变量，变量的具体取值叫变量值。变量按数值是否连续可分为连续变量和离散变量。连续变量的数值是连续不断的，在相邻两个整数之间有无数个小数连接。例如：奶茶店的营业额、顾客的年龄等。离散变量是以自然数计量的数值。例如：员工人数、奶茶店数等。

活动 2.2.1

◎**活动描述**

零度奶茶店的三个合伙人从网络搜索了现制茶品行业的一些情况，因为这些数据并不是针对开店区域的，于是他们决定运用问卷调查的方式收集本店区域市场一手资料，以精确了解本店区域奶茶消费市场情况，为开店决策寻找有力的依据。

◎**活动要求**

你作为此次调查负责人，请根据调查的需要，以"××地区奶茶消费市场调查"为主题，按问卷模板（见表 2–5）的标志提示词设计一份问卷，并完成问卷收发。

◎**活动实施**

步骤 1：确定标志。问卷的内容其实就是所要调查的主要内容——调查项目，也就是调查单位的各个标志名称，根据调查需要列出标志名称。

步骤 2：设计问卷。根据问卷的格式与列出的标志名称完成问卷：问卷标题、问卷导语、撰写问题与设置备选答案。问卷设计的时候需要注意以下事项：

（1）问卷导语：将调查目的明确告诉被调查者，让对方知道该项调查的意义和自身回答对整个调查结果的重要性。

（2）撰写问题：问题必须是与调查主题有密切关联的问题。设计的问题必须符合客观实际情况，这是问卷设计的一个基本要求。问题用语要简明易懂、易读，用词清楚，不涉及隐私。

（3）设置备选答案：封闭性问题答案设置必须与问题对应且设置备选的全部答案。

步骤 3：准备问卷。结合实际情况，选择问卷形式：纸质问卷、电子版问卷。若选择前者，则需印刷足够数量的纸质问卷；若选择后者，则需选择合适的信息化工具，如问卷星，按照工具操作要求，录入电子版问卷，做好发放问卷的准备。

步骤 4：发布及回收问卷。根据问卷形式发布与回收问卷一般也分两种情况：

（1）收发纸质问卷。需要安排人员把纸质问卷逐一发给调查单位，并等待调查单位填写完毕后回收纸质问卷。

（2）收发电子版问卷。按照信息化工具的操作要求，通过网络，利用 QQ、微信等软件，发布问卷信息，调查单位根据操作完成问卷，信息化平台自动回收问卷。

表 2–5　《××地区奶茶消费市场调查》

　　您好！为了解××地区奶茶消费市场的情况，诚邀您参与此次问卷调查。您的宝贵意见将有助于我们对奶茶市场的了解。非常感谢您的大力支持！

1.（性别）问题：您的性别是（单选）_____

　　选项：A.男　　B.女_____

2.（喜爱程度）问题：_____

　　选项：_____

3.（奶茶规格）问题：_____

　　选项：_____

4.（奶茶价格）问题：_____

　　选项：_____

5.（奶茶品种）问题：_____

　　选项：_____

6.（购买因素）问题：_____

　　选项：_____

7.（购买次数）问题：_____

　　选项：_____

8.（收入）问题：_____

　　选项：_____

9.（年龄）问题：_____

　　选项：_____

感谢您的配合！

技能提升

问卷星设计调查问卷的操作步骤：

（1）登录问卷星。进入问卷星"我的问卷"页面，单击页面左上方菜单栏"创建问卷"，见图 2–3，选择"调查"，单击"创建"，弹出标题对话框。

问卷星创建
调查问卷操
作手册

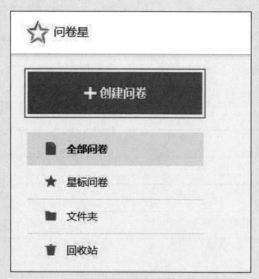

图 2-3   问卷星"我的问卷"菜单栏

（2）录入问卷标题。单击"立即创建"，见图 2-4，进入问卷编辑页面。

图 2-4   标题录入对话框

（3）编辑问卷。在问卷编辑页面中部单击"添加问卷说明"并填写说明，根据需求在页面左侧菜单栏选择问题的题型，见图 2-5，单击进入问卷编辑页面。

图 2-5   问卷编辑页面

（4）设计问卷题目。在相应对话框录入题干，设置选项，可以更改题型，设置必答、题目关联、跳题逻辑、选项关联等，最后单击"完成编辑"，见图 2-6。

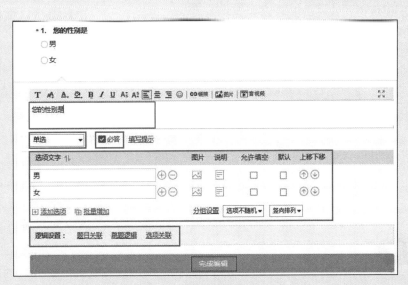

图 2-6　题目编辑页面

（5）完成问卷编辑。全部题目设置完毕后，单击页面右上方"预览"，检查问卷，确认无误后回到该页面，单击"完成编辑"，见图 2-7，单击"发布问卷"进入发送问卷页面。

图 2-7　完成问卷编辑

（6）发布问卷。在发送问卷页面可以制作、下载问卷二维码或复制问卷链接，见图 2-8。可通过 QQ、微信等软件分享二维码或链接给被调查者，其通过扫描二维码或点击链接即可进入填写问卷。

图 2-8　问卷二维码及链接

（7）回收问卷及下载数据。在"我的问卷"页面的问卷列表中，可查看已发布问卷的回收情况；当调查结束，可单击"分析 & 下载"选择"统计 & 分析"，进入分析 & 下载页面，见图 2-9，查看、下载问卷报告、问卷数据。

图 2-9　回收问卷及下载数据

思维拓展

当今电子商务迅猛发展，改变了人们的消费习惯，在电子商务平台中蕴藏着巨大的商务数据，如网页数据、系统日志数据、数据库数据、报表数据等。掌握数据采集工具采集电商数据，发现新的商机，也成了一项重要的调查技能。常用的数据采集工具有生意参谋、店侦探、淘数据、京东商智、八爪鱼采集器、火车采集器、Python、R 语言等，还有一些指数工具：百度指数、360 趋势、搜狗指数、阿里指数、微信指数、头条指数等。请根据以上资料完成：

（1）通过查阅书籍、网络搜索等了解这些数据采集工具。

（2）请用"百度指数"工具人群画像功能，找出近半年百度页面"奶茶"搜索指数排名前 3 的省份和排名前 5 的城市。

（3）谈谈借助这些工具采集统计数据的利弊。

自我检测

一、单选题（共 2 题，第 1 题 5 分，第 2 题 20 分，共 25 分）

1. 下列属于品质标志的是（　　　）。

　A. 顾客性别　　　　B. 顾客年龄　　　　C. 销售收入　　　　D. 销售量

2. 从爱喝奶茶的丽丽女士填的问卷调查中，得知她从事电商运营工作，月收入 4 500 元，经常到店购买抹茶味奶盖珍珠奶茶，希望成为零度奶茶店的 VIP 顾客。请根据资料回答（1）（2）中的问题：

　（1）"性别"是（　　　），"女"是（　　　）。

　A. 品质标志　　　B. 数量标志　　　C. 标志值　　　D. 标志属性

（2）"收入"属（　　　），"4 500 元"属（　　　）。

   A. 品质标志   B. 数量标志   C. 标志值   D. 标志属性

二、多选题（共 5 题，每题 5 分，共 25 分）

1. 按性质不同标志可分为（　　　）。

   A. 品质标志   B. 数量标志   C. 标志属性   D. 标志值

2. 下列属于数量标志的是（　　　）。

   A. 销售收入   B. 顾客性别   C. 店员人数   D. 顾客年龄

3. 下列属于品质标志的是（　　　）。

   A. 销售收入   B. 顾客性别   C. 奶茶品种   D. 影响购买因素

4. 下列属于连续变量的是（　　　）。

   A. 店员人数   B. 顾客年龄   C. 销售收入   D. 店铺数量

5. 下列属于离散变量的是（　　　）。

   A. 店员人数   B. 顾客月收入   C. 店铺数量   D. 采购成本

三、分类辨析题（共 7 题，每题 5 分，共 35 分）

请判断下列属于数量标志还是属于品质标志。

（　　）1. 网店访问日量

（　　）2. 顾客的满意度

（　　）3. 顾客到店购买的次数

（　　）4. 商品品种

（　　）5. 购买产品的支付方式

（　　）6. 商品网页搜索次数

（　　）7. 顾客的联系方式

四、简答题（共 1 题，15 分）

请简单说说设计问卷的时候需要注意哪些事项。

课堂思政

实事求是，不做假数，依法统计，以诚待人

《中华人民共和国统计法》是我国唯一的一部统计法律，其对组织统计工作的科学性、有效性，对保障统计资料的真实性、准确性、完整性和及时性，发挥重要的作用，其中有下列规定：

第七条　国家机关、企业事业单位和其他组织以及个体工商户和个人等统计调查对象，必须依照本法和国家有关规定，真实、准确、完整、及时地提供统计调查所需的资料，不得提供不真实或者不完整的统计资料，不得迟报、拒报统计资料。

第四十一条　作为统计调查对象的国家机关、企业事业单位或者其他组织有下列行为之一的，由县级以上人民政府统计机构责令改正，给予警告，可以予以通报；其直接负责的主管人员和其他直接责任人员属于国家工作人员的，由任免机关或者监察机关依法给予处分：

（一）拒绝提供统计资料或者经催报后仍未按时提供统计资料的；

（二）提供不真实或者不完整的统计资料的；

（三）拒绝答复或者不如实答复统计检查查询书的；

（四）拒绝、阻碍统计调查、统计检查的；

（五）转移、隐匿、篡改、毁弃或者拒绝提供原始记录和凭证、统计台账、统计调查表及其他相关证明和资料的。

企业事业单位或者其他组织有前款所列行为之一的，可以并处 5 万元以下的罚款；情节严重的，并处 5 万元以上 20 万元以下的罚款。

个体工商户有本条第一款所列行为之一的，由县级以上人民政府统计机构责令改正，给予警告，可以并处 1 万元以下的罚款。

绍兴市统计局 2020 年 9 月 9 日依法对某工业企业 2020 年 3 月《工业产销总值及主要产品产量》的"工业总产值"指标统计数据质量情况开展了统计执法检查。检查发现其上报 2020 年 1—3 月"工业总产值"为 4 780 万元，现场检查数为 2 380.5 万元，违法数额为 2 399.5 万元，违法数额占应报数额的 100.8%，违反了《中华人民共和国统计法》第七条的规定，构成了提供不真实统计资料的违法行为。

绍兴市统计局根据该单位的违法事实，依据《中华人民共和国统计法》第四十一条第一款第（二）项和第二款的规定，按照《浙江省统计局系统行政处罚裁量实施细则》第六条第一款第（三）项的标准，责令该单位改正上述统计违法行为，对该单位作出警告并罚款 23 900 元的行政处罚决定。同时，责令该单位按照国家统计法律法规和统计方法制度的要求，对在统计工作中存在的问题进行整改。

该单位统计人员不了解统计方法制度和统计法律法规，随意上报统计数据，单位领导不重视统计工作，对统计人员上报的统计报表不进行审核，是导致统计数据不真实的主要原因。统计人员法治意识淡薄、责任心不强，最终会落得苦果。

资料来源：绍兴市统计信息网《绍兴市统计局 2020 年以案释法——提供不真实统计资料的违法案件》，有改写。

思政目标：

通过案例学习，引导学生提高法治意识、增强责任心，牢记统计调查数据容不得半点马虎，对待统计调查工作要实事求是，不做假数，依法统计，以诚待人。

小组讨论：

通过书籍或网络查阅《中华人民共和国统计法》，思考我们在实施统计调查时，要遵守哪些规定才能做到"依法统计"。

模块三 | 进行统计整理

"你今年多少岁了？"也许从你能回答这个问题开始到现在已经很多年过去了，而这个问题的答案也很简单，只是一个数字。但它真的只是个数字这么简单吗？第七次全国人口普查就对 14.1 亿人"问"了这个问题，并且通过对 14.1 亿人的年龄进行统计整理后，它"说话"了：我国已跨过了第一个快速人口老龄化期，还需应对一个更快速的人口老龄化期。这正是将积极应对人口老龄化上升至国家战略高度的依据。

统计整理是指根据统计研究的目的，将统计调查所取得的资料进行科学的分类、汇总、列表的加工处理过程。它是统计工作的中间环节，也是统计分析的前提。我们收集到的大量的原始数据是零乱的、不系统的，它们只反映调查单位个体的情况，如果不进行整理就得不到说明总体特征的资料，就达不到进行统计调查的目的。但通过系统、科学的方法整理数据后，数据就会"说话"，揭示调查的现象。统计整理工作的内容见图 3–1。

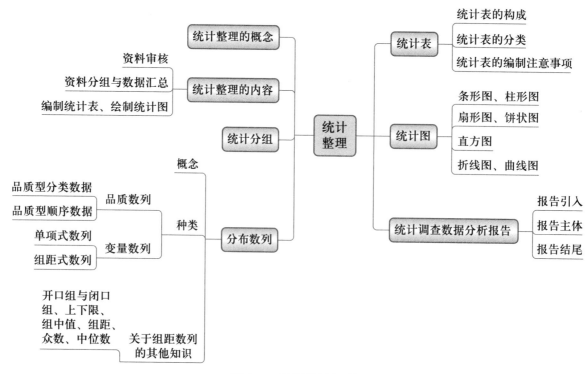

图 3–1 进行统计整理

任务 3.1　整理统计数据

学习目标

- 了解统计整理的含义、内容。
- 熟悉统计分组的定义。
- 识记分布数列的概念、种类。
- 能对不同种类的分布数列数据进行分组整理。
- 会计算频率、累计次数、累计频率、众数、中位数。
- 培养分类整理的思维。
- 养成细致严谨的工作态度。

职业情景

零度奶茶店通过进行实地问卷调研，陆续回收了奶茶消费市场调查问卷……

问卷回收回来了，被访者都很认真配合填写。那问卷里的数据会告诉我们什么信息呢？

知行联动

一、统计整理的概念

统计整理是指根据统计研究的目的，将统计调查所取得的资料进行科学的分类、汇总、列表的加工处理过程。

二、统计整理的内容

统计整理的内容主要可以分为以下几种。

（一）资料审核

对原始资料进行审核与检查，确保资料齐全与有效。

（二）资料分组与数据汇总

按照调查目的和分析需求进行各种分组，汇总出各组单位数和各项指标的总数。

（三）编制统计表、绘制统计图

以统计表、统计图的形式表示汇总数据的结果，以便对数据进行分析与应用。

三、统计分组

统计分组是根据研究的任务和对象的特点，按照某种分组标志将统计总体分为若干组成部分。统计分组是把总体划分成若干类别，表明总体内部结构，揭示变量之间的依存关系。统计分组的关键：一是选择分组标志；二是划分各组界限。

数据解读

国家统计局数据显示：根据第七次全国人口普查结果，全国（不含港澳台）人口年龄构成情况如下：0~14 岁人口为 253 383 938 人，占 17.95%；15~59 岁人口为 894 376 020 人，占 63.35%；60 岁及以上人口为 264 018 766 人，占 18.70%，其中 65 岁及以上人口为 190 635 280 人，占 13.50%。

上述材料中，选择分组的标志是"年龄"，各组的界限分别是：0~14 岁、15~59 岁，60 岁及以上，65 岁及以上。

四、分布数列

（一）分布数列的概念

分布数列是指在统计分组的基础上，将总体单位按类入组，并汇总各组内的单位数，形成总体中单位数在各组间的分布。分布数列有两个组成要素：一个是分成的各组，另一个是各组次数。

（二）分布数列的种类

根据分组标志性质的不同，分布数列分为品质数列和变量数列。品质数列是按品质标志进行分组所得的分布数列，分组数据一般有品质型分类数据、品质型顺序数据。变量数列是按数量标志分组所得的分布数列，又分为单项式数列、组距式数列，组距式数列可以分为等距式数列与不等距式数列，见图 3-2。

图 3-2　分布数列的种类

（三）分布数列的整理

1. 品质数列——按品质型分类数据分组

品质型分类数据是反映事物类别的数据，类别之间不区分顺序，如性别数据（见表 3-1）。该类数据在整理过程中，一般运用频数与频率。各组拥有的总体单位数称为该组的频数（或次数），如人数。各组的次数（或频数）与总体单位总数的比值，称为频率。

表 3-1　某店顾客性别情况

性别	人数 / 人	频率 /%
男	6	30
女	14	70
合计	20	100

2. 品质数列——按品质型顺序数据分组

品质型顺序数据是一种特殊的分类数据，类别之间有一定的顺序，如顾客满意度数据（见表 3-2）。该类数据在整理过程中，除了运用频数与频率，还可以运用累计次数、累计频率。累计次数，是把各组的总体单位数从上（或从下）累计相加。累计频率是指各组的累计次数与总体单位总数的比值。累计的方向分为向上累计和向下累计。向上累计是将各组次数和比率由变量值低的组向变量值高的组所进行的逐组累计。向下累计则是将各组次数和比率由变量值高的组向变量值低的组所进行的逐组累计。

表 3-2　顾客满意度

满意度	人数 / 人
非常满意	11
满意	18
一般	5
不满意	4
非常不满意	2
合计	40

活动 3.1.1

◎**活动描述**

小锋已经整理了问卷中顾客满意度的人数情况（表 3–2），为了更深入地分析顾客满意度，现需要各项的频率、累计人数、累计频率等数据作为分析依据。

◎**活动要求**

若你是小锋，请根据满意度的人数情况，计算出各项的频率，并按照向下累计的方向，计算各项的累计人数、累计频率。

◎**活动实施**

步骤 1：计算频率。计算各组的次数与总体单位总数的比值，"非常满意"该组人数为"11"，总体单位总数为"40"，两者比值结果为 0.275，频率用百分比表示为 27.5%，其他组计算同理，最后频率合计 100%。计算结果见表 3–3。

表 3–3　顾客满意度情况

满意度	人数 / 人	频率 /%	累计人数 / 人	累计频率 /%
非常满意	11	27.5	11	27.5
满意	18	45	29	72.5
一般	5	12.5	34	85
不满意	4	10	38	95
非常不满意	2	5	40	100
合计	40	100	—	—

步骤 2：计算累计次数。先确定向下累计方向，设"非常满意"以高值作为第一组，累计方向由非常满意向非常不满意累计，再计算各组累计人数，第一组累计人数为该组人数"11"；第二组累计人数为第一、二组人数之和，即 11+18=29；第三组累计人数为第一、二、三组人数之和，即 11+18+5=34，其他组计算同理。

步骤 3：计算累计频率。累计频率是指各组的累计次数与总体单位数的比值。"非常满意"的累计人数为"11"，总体单位数为"40"，两者比值结果为 0.275，用百分比表示为 27.5%；"满意"的累计人数为"29"，总体单位数为"40"，两者比值结果为 0.725，用百分比表示为 72.5%；其他组计算同理。

3. 变量数列——单项式数列的编制

编制单项数列的前提条件包括：原始数据是离散变量，而且原始数据的数值个数不多，变动范围不大。编制方法则是先按照顺序排列各组变量值，逐个列入表中，再计算各组单位数。即每组组别都是由单个的组值（整数或小数）表示，如"16"岁。单项式数列中，分组中"标志值"（如年龄）代表符号为"x"；"单位数"（如人数）代表符号为"f"。见表 3-4。

表 3-4　青少年顾客年龄情况

年龄 x/ 岁	人数 f/ 人
16	6
17	10
18	4
合计	20

4. 变量数列——组距式数列的编制

编制组距式数列的前提条件是数据为连续变量，或者是数值个数多、变动幅度大的离散变量。在编制组距式数列时，每一组组别都是由一段数域（区间）表示，如"50 ~ 60"。组距式数列编制的步骤如下：

（1）数据排序。

（2）确定组距组限。

计算全距：全距（R）= 最大变量值 – 最小变量值

组数：数列分组的数量，一般以 4 ~ 8 组为宜。

组距：某组最大值（上限）与最小值（下限）之差，一般用 5 或 10 的倍数为佳。

组距与组数的关系：组数 = 全距 / 组距。

组限：每个组两端的变量值；大的称上限，小的称下限。

组距式数列根据各组的组距是否相等又分为等距数列、不等距数列。

$$组距式数列\begin{cases}等距数列——各组组距相等的组距数列\\[2ex]不等距数列——各组组距有不相等的组距数列\end{cases}$$

（3）分类汇总。

分类汇总出各组单位数。

分组关键：①选择分组标志；②划分各组界限。

汇总原则：①不重复，不遗漏；②上限不在内。

（4）制表、制图。

活动 3.1.2

◎**活动描述**

小锋走访了30家奶茶店，收集了各店的线下日均客流量的数据，具体如下：64、70、89、64、56、95、98、79、88、88、78、89、60、78、68、79、79、94、68、70、78、89、36、75、84、78、64、78、85、99。

◎**活动要求**

若你是小锋，请运用组距式数列的编制方法，整理这些数据，以便进行分析。

◎**活动实施**

步骤1：数据排序。将30家奶茶店的线下日均客流量数据按从小到大排序，具体如下：36、56、60、64、64、64、68、68、70、70、75、78、78、78、78、78、79、79、79、84、85、88、88、89、89、89、94、95、98、99。

步骤2：确定组距组限。

（1）计算全距。分组计算取整调整：最小下限应略低于实际最小值，此处最小值"36"，则取30；最大上限应略高于实际最大值，此处最大值"99"，则取100。计算全距 $R=100-30=70$。

（2）确定组距、组数。根据组数与组距的关系：组数＝全距/组距，组距一般取5或10的整数倍。若组距为"5"，则组数 $=70/5=14$ 组。若组距为"10"，则组数 $=70/10=7$ 组。一般组数以4～8组为宜，所以此处宜采用10为组距，组数为7组，见表3-5。

表3-5 奶茶店日均客流量1

日均客流量 / 人	店铺数 / 家
30 ～ 40	
40 ～ 50	
50 ～ 60	
60 ～ 70	
70 ～ 80	
80 ～ 90	
90 ～ 100	
合计	30

（3）调整组限。考虑数据变动均匀情况：因30～40、40～50、50～60的人数较少，因此将这3个组合并为一组，即60以下。同时，考虑上限不在内的原则，把90～100调整为90以上，若出现"100"则可以包含在该分组内，见表3-6。此时则可确定各组的组限，如：下限→60～70←上限。

步骤3：按类计算、汇总单位数。即可得统计表，见表3-6。

步骤 4：制表、制图。根据统计分组的结果用表或图的形式表示出来。

表 3-6 奶茶店日均客流量 2

日均客流量/人	店铺数/家
60 以下	2
60 ~ 70	6
70 ~ 80	11
80 ~ 90	7
90 以上	4
合计	30

（5）关于组距数列的其他知识。

开口组：指缺上限（×× 以上）或缺下限（×× 以下）的组。

闭口组：指同时有上、下限的组。

组中值：是指各组上、下限之间的中点数值，它是该组数值平均数的近似值。

组距：是指每个组最大值与最小值之差。

闭口组：

$$组距 = 上限 - 下限$$

$$组中值 = \frac{上限 + 下限}{2}$$

开口组：组距 = 邻组组距 （但不能超过实际的需要）

$$组中值 = 上限 - \frac{邻组组距}{2}$$

$$或 \quad 组中值 = 下限 + \frac{邻组组距}{2}$$

众数（M_O）：是指在总体各单位的某一数量标志上，出现最多的那个标志值。

中位数（M_e）：是指一组数据按照一定顺序排列后，处于中间位置的变量值。

活动 3.1.3

◎**活动描述**

通过活动 3.1.2，小锋对 30 家奶茶店日均客流量的分布已经有了初步了解，他希望能够对每组数据有更进一步的分析。

◎**活动要求**

若你是小锋，请根据活动 3.1.2 中表 3-6 的数据，计算出各组数据的上限、下限、组距、组中值，并根据 30 家奶茶店的线下日均客流量找出众数、中位数，对数据进行分析。

◎**活动实施**

步骤 1：确定每组数据的类型。表 3-6 中共有五组数据，"60 ~ 70" "70 ~ 80"

"80～90"属于闭口组，"60以下""90以上"属于开口组。

步骤2：计算闭口组的上限、下限、组距、组中值。以"60～70"组数据为例，闭口组的上、下限即为数据组左右两端数值，即上限为"70"，下限为"60"；组距＝上限－下限＝70－60＝10；组中值则为：

$$组中值 = \frac{上限 + 下限}{2} = \frac{70+60}{2} = 65$$

其他闭口组计算同理。

步骤3：计算开口组的上限、下限、组距、组中值。由于开口组的数据有一端不封闭，因此开口组数据只有上限或下限，如，"60以下"只有上限"60"，没有下限，"90以上"的只有下限"90"，没有上限；开口组的组距＝邻组的组距，"60以下"的邻组是"60～70"，组距为10，"90以上"的邻组是"80～90"，组距为10；这两组的组中值分别为

$$"60以下"（只有上限）组中值 = 上限 - \frac{邻组组距}{2} = 60 - \frac{10}{2} = 55$$

$$"90以上"（只有下限）组中值 = 下限 + \frac{邻组组距}{2} = 90 + \frac{10}{2} = 95$$

各组数据的上限、下限、组距、组中值计算结果见表3-7。

步骤4：找出众数、中位数。

（1）众数就是出现次数最多的那个标志值，根据30家奶茶店的线下日均客流量，"78"出现了5次，出现次数最多，因此众数＝78。

（2）中位数是把数据按照一定顺序排列后，处于中间位置的变量值。任务中30个数值排位在中间的是第15、16位，数值均为78，则中位数＝78。这里需注意的是：调查单位数量为单数时，排在中间位置的只有一个数值，则该数值就为中位数；调查单位数量为双数时，排在中间位置的会有两个数值，此时中位数取该两个数值的平均值。

表3-7　奶茶店日均客流量情况分析

日均客流量/人	店铺数/家	上限	下限	组距	组中值
60以下	2	60	—	10	55
60～70	6	70	60	10	65
70～80	11	80	70	10	75
80～90	7	90	80	10	85
90以上	4	—	90	10	95
合计	30	—	—	—	—

技能提升

编制组距式数列有四个步骤：数据排序、确定组距组限、分类汇总、制作图表。现介绍如何运用 Excel 中的数据透视表功能协助完成组距数列的编制。

Excel可以让数据从无序到有序

1. 创建数据透视表

操作步骤如下：

（1）打开技能提升素材文件夹中的"任务 3.1"工作簿，"实训统计分组"工作表。

（2）选择序号、标志值两列数据（含标题），单击工具栏中的"插入"，选择"数据透视表"，在现有工作表选择一任意空白单元格作为数据透视表位置，单击"确定"，创建数据透视表，见图 3-3。

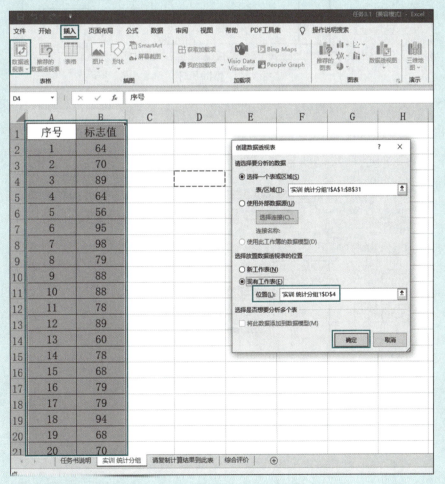

图 3-3　创建数据透视表

2. 运用 Excel 中的数据透视表功能对数据进行排序、分组，计算各组频数、频率、累计频数、累计频率操作步骤如下：

（1）数据排序。把"字段列表"中的"标志值"字段拖动到"行"区域，完成标志值排序，见图3-4。

图3-4 数据排序

（2）计算频数。把"序号"字段拖动到"值"区域，单击"值"区域中序号字段右侧的下拉三角按钮，选择"值字段设置"，选择"计数"方式，单击"确定"。自动计算各标志值的单位数，即频数，见图3-5。

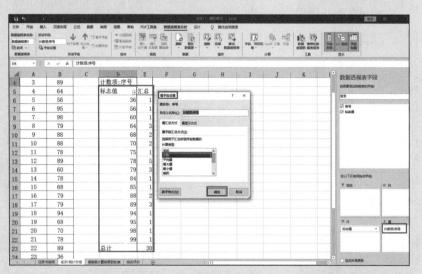

图3-5 计算频数

（3）按组距分组。选中标志值中任意一个数，单击右键，在菜单栏中选择"组合"，在"组合"对话框中录入：起始于60，终止与100，步长10，单击确定，自动生成5组数据，并重新计算各组的频数，见图3-6。

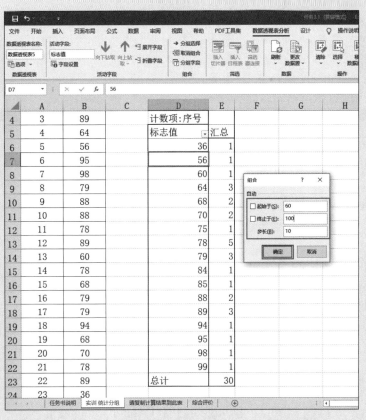

图 3-6　按组距分组

（4）计算频率。再次拖动"序号"字段到值区域，并进行"值字段设置"："值汇总方式"选择"计数"，单击对话框中的"值显示方式"，单击三角形下拉按钮，选择"列汇总的百分比"，单击"确定"，完成各组频率计算，见图 3-7。

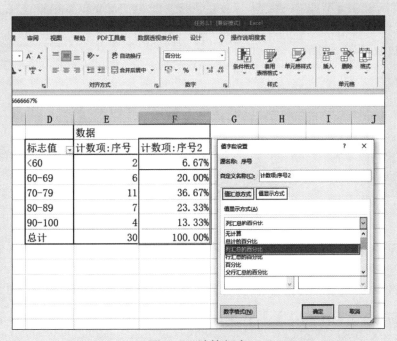

图 3-7　计算频率

（5）计算累计频数。参考步骤（4）的操作，注意值字段设置："值汇总方式"选择"计数"，"值显示方式"选择"按某一字段汇总"，"基本字段"选择"标志值"，即可计算出各组的累计频数，见图3-8。

图3-8 计算累计频数

（6）计算累计频率。参考步骤（4）的操作，注意值字段设置："值汇总方式"选择"计数"，"值显示方式"选择"按某一字段汇总的百分比"，"基本字段"选择"标志值"，即可计算出各组的累计频率，见图3-9。

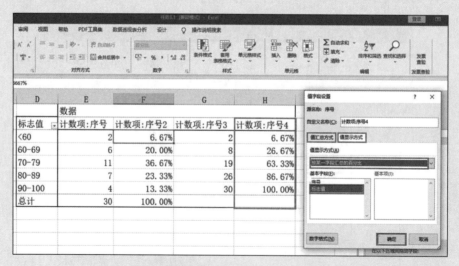

图3-9 计算累计频率

（7）修改纵栏标题。根据各列数据，依次把纵栏标题改为：频数、频率、累计频数、累计频率，完成统计表制作，见图3-10。

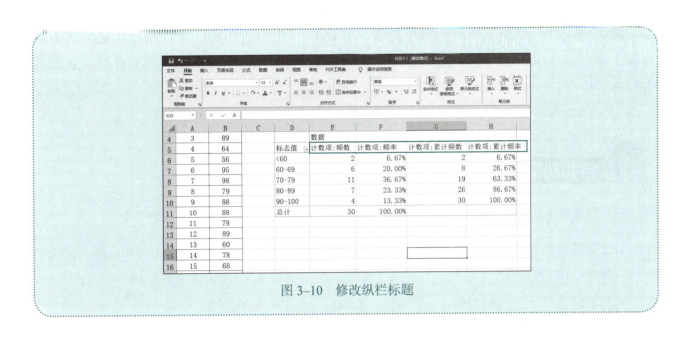

图 3-10　修改纵栏标题

思维拓展

第七次全国人口普查结果显示：2020 年 11 月 1 日零时我国 31 个省、自治区、直辖市和现役军人（以下简称省份）的人口共 1 411 778 724 人（不包括香港特别行政区、澳门特别行政区和台湾地区的人口数）。我国 31 个省份的人口情况见表 3-8。

表 3-8　2020 年我国 31 个省份的人口情况

序号	省份	人口数	序号	省份	人口数
1	北　京	21 893 095	17	湖　北	57 752 557
2	天　津	13 866 009	18	湖　南	66 444 864
3	河　北	74 610 235	19	广　东	126 012 510
4	山　西	34 915 616	20	广　西	50 126 804
5	内蒙古	24 049 155	21	海　南	10 081 232
6	辽　宁	42 591 407	22	重　庆	32 054 159
7	吉　林	24 073 453	23	四　川	83 674 866
8	黑龙江	31 850 088	24	贵　州	38 562 148
9	上　海	24 870 895	25	云　南	47 209 277
10	江　苏	84 748 016	26	西　藏	3 648 100
11	浙　江	64 567 588	27	陕　西	39 528 999
12	安　徽	61 027 171	28	甘　肃	25 019 831
13	福　建	41 540 086	29	青　海	5 923 957
14	江　西	45 188 635	30	宁　夏	7 202 654
15	山　东	101 527 453	31	新　疆	25 852 345
16	河　南	99 365 519	32	现役军人	2 000 000

数据来源：中国统计局第七次全国人口普查公报（第三号）

请运用统计分组的知识进行数据整理，并回答：31 个省份中，人口超过 1 亿人的省份有多少个？在 5 000 万人至 1 亿人之间的省份有多少个？在 1 000 万人至 5 000 万人之间的省份有多少个？少于 1 000 万人的省份有多少个？

自我检测

一、单选题（共 6 题，第 1 至 5 题每题 5 分，第 6 题 10 分，共 35 分）

1. 已知某连续变量数列的末组为开口组，下限为 200，又知其邻组的组距为 150，则末组组中值为（　　）。

    A. 215　　　　　　B. 230　　　　　　C. 260　　　　　　D. 275

2. 某组抽样数据中最小值是 61，最大值是 123，组距为 10，则可以分成（　　）组。

    A. 7　　　　　　　B. 8　　　　　　　C. 9　　　　　　　D. 10

3. 某统计分组含 "35～40" "40～45" 两组数据，那变量值 "40" 一般是（　　）。

    A. 将此变量值单列一组　　　　　　　　B. 将此值归入 "35～40"

    C. 将此值归入 "40～45"　　　　　　　　D. 将此值归入作为上限的组或下限的组均可

4. 抽查的 40 家网店的日访问量样本中，按日访问量分成 6 组，第 1～4 组的店铺数量分别为 8、7、6、5 家，第 5 组的占比为 10%，则第 6 组的占比为（　　）%。

    A. 25　　　　　　　B. 3　　　　　　　C. 15　　　　　　　D. 20

5. 某网店日营业额最高为 4 260 元，最低为 2 700 元，据此分为六个组，形成闭口式等距数列，则组距应为（　　）元。

    A. 710　　　　　　B. 260　　　　　　C. 1 560　　　　　　D. 3 480

6. 某网店员工的月收入依次分为 2 000 元以下、2 000～3 000 元、3 000～4 000 元、4 000～5 000 元、5 000 元以上几个组。第一组的组中值近似为（　　）元，第二组的组距为（　　）元。

    A. 2 000　　　　　B. 1 500　　　　　C. 1 000　　　　　D. 2 500

二、多选题（共 2 题，每题 5 分，共 10 分）

1. 若对人口总体进行统计分组，下列属于按数量标志分组的是（　　　　）。

    A. 按性别分组　　B. 按年龄分组　　C. 按文化程度分组　　D. 按收入水平分组

2. 将某网店的评价评分分为 60 分以下、60～70 分、70～80 分、80～90 分、90～100 分共 5 个组。正确的说法是（　　　　）。

    A. 某顾客的评分如果是 80 分，他应归入 70～80 分这一组　　B. 第一组的假定下限是 50

    C. 相邻组组限是重叠的　　　　　　　　　　　　　　　　　D. 它属于等距分组

三、判断题（共 4 题，每题 5 分，共 20 分）

（   ）1. 各组次数与总体次数的比值为频率。

（   ）2. 在统计分组中，各组频率相加之和应等于 100%。

（   ）3. 统计分组的关键是选择分组标志和划分各组界限。

（   ）4. 统计分组中，所有数据组都有上、下限。

四、综合分析题（共 35 分）

为了解奶茶店外卖销售情况，店主从外卖平台系统导出本店近 200 天的每日下单量，并进行统计整理分析，见表 3-9。结合材料，回答下列问题：

表 3-9　某奶茶店本月外卖平台下单量

每日下单量 / 单	天数 / 天
60 以下	18
60 ~ 70	52
70 ~ 80	73
80 ~ 90	44
90 以上	13
合计	200

1. 上述材料中的数列属于（   ）。

　　A. 单项式数列　　　　B. 品质数列　　　　C. 不等距数列　　　　D. 等距数列

2. 上述材料中的天数是（   ）。

　　A. 变量　　　　　　　B. 频数　　　　　　C. 变量值　　　　　　D. 频率

3. 上述材料中的变量是（   ）。

　　A. 每日下单量　　　　B. 天数　　　　　　C. 下单的人数　　　　D. 人数的具体数值

4. 上述材料中各组的频率分别为（   ）。

　　A. 18　　　52　　　73　　　44　　　13

　　B. 0.18　　0.52　　0.73　　0.44　　0.13

　　C. 0.09　　0.26　　0.365　　0.22　　0.065

　　D. 9　　　26　　　36.5　　　22　　　6.5

5. 若第 201 天的下单量为 80，则应归入（   ）。

　　A. 第三组

　　B. 第四组

　　C. 第三组或第四组均可以

　　D. 第三组或第四组均不可以

6. 材料中选取的 200 天构成了一个（   ）。

　　A. 总体　　　　　　　B. 样本　　　　　　C. 总体单位　　　　　D. 变量值

7. 材料中的最后一组的组中值是（   ）。

　　A. 90　　　　　　　　B. 95　　　　　　　C. 100　　　　　　　D. 97.5

任务 3.2　认识统计图表

学习目标

- 说出统计表的特点。
- 区分统计图的类型、适用范围。
- 识记统计调查数据分析报告的结构。
- 能根据数据的特点制作统计图表。
- 能运用数据统计结果按结构撰写调查数据分析报告。
- 提高归纳总结的能力。

职业情景

　　小锋是这次市场调查的负责人，他看着已经回收的问卷以及初步整理出来的数据，迫不及待地想与另外两个合伙人分享调查的结果。

> 问卷已经回收了，数据也基本统计整理了，那怎样才能更直观、更形象地告诉他们呢？用图表的方式会不会更有吸引力？写成报告会不会更方便大家看？

知行联动

　　数据可以通过科学实验、检验、统计等方式获得，数据的表现形式可以是符号、文字、数字、语音、图像、视频等。数据统计整理结果的表示形式主要有统计表、统计图。以统计整理结果为基础，对整个调查数据进行分析，并把分析的思路、过程、结论、建议完整呈现，则形成统计调查报告，可供决策者参考。

一、统计表

将经过整理、汇总后得到的指标数值按一定的次序，用表格的形式表现出来，这种表格就是统计表。它是统计资料整理结果的主要表现形式。

（一）统计表的构成

统计表从形式上看由总标题、横栏标题、纵栏标题和数字资料四部分组成，见图 3–11。

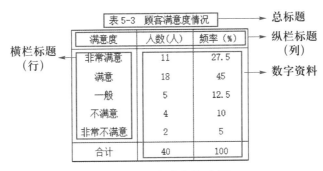

图 3–11　统计表构成图

（1）总标题：表名，简明扼要地说明全表内容，位于表的上端中部；

（2）横栏标题（行）：行的名称，通常表示各组的名称，一般位于表的左边，说明横栏内容；

（3）纵栏标题（列）：列的名称，通常表示统计指标的名称，一般位于表的上方，说明纵栏内容；

（4）数字资料：各行、列交叉处的数值，说明总体特征的综合指标，是汇总所得。

（二）统计表的分类

根据分组标志的数量可以分为两类：简单分组表，按照某一个标志进行分组，见表 3–10；复合分组表，按照两个或两个以上标志进行分组，见表 3–11。

表 3–10　某班 30 名学生的成绩

成绩 / 分	人数 / 人	比重 /%
60 以下	2	6.67
60~70	6	20
70~80	11	36.67
80~90	7	23.33
90 以上	4	13.33
合计	30	100

表 3–11　某年某校在校学生

专业	性别	学生人数 / 人
会计专业	男	30
	女	70
物流专业	男	180
	女	70
合计	—	350

（三）统计表的编制注意事项

在编制统计表时，要根据目的和要求，做到简明扼要、重点突出，也有一些编制注意事项，见图 3–12。

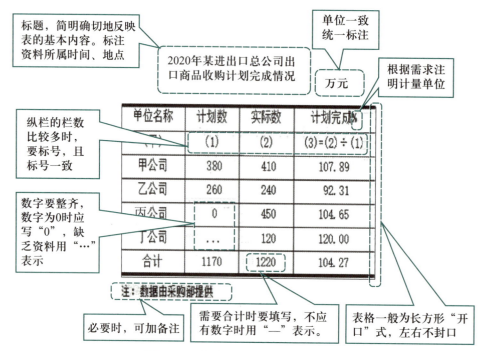

图 3-12　统计表编制注意事项图解

二、统计图

统计图是在统计表的基础上,利用几何图形或具体形象来表明现象数量关系的图形。下列是常用的统计图及其特点及适用范围。

(一)条形图、柱形图

特点:条形独立分离,强调数据是对立的类别,直观描述单位数。

适用:描述品质数据、单项式变量分布数列。

两者区别:条形图:类别放在纵轴;柱形图:类别放在横轴。例如,某体育馆各球类场地数量见图 3-13。

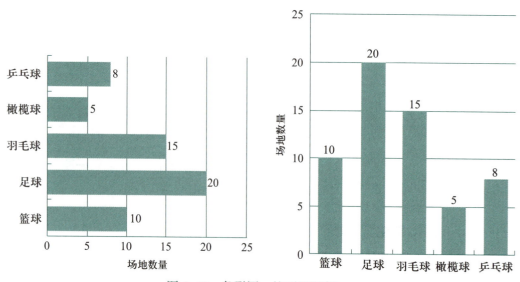

图 3-13　条形图、柱形图图例

（二）扇形图、饼状图

特点：除了描述单位数，更清楚地描述单位数量与总数之间的关系。

适用：描述品质数据、单项式变量分布数列。

两者关系：把扇形图画成截圆柱，则成为饼状图，见图 3–14。

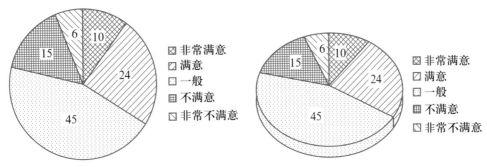

图 3–14　扇形图、饼状图图例

（三）直方图

特点：条形间互相连接，描述数据的连续性，直观描述单位数。

适用：描述组距式变量分布数列，见图 3–15。

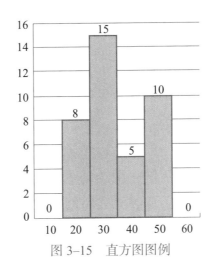

图 3–15　直方图图例

（四）折线图、曲线图

折线图：在直方图基础上形成，将直方图各条形顶端中点连接起来形成折线图。曲线图在折线图基础上形成，当组距无限缩小，折线图相邻条形的中点将无限接近，折线将变得圆滑，进而成为曲线，见图 3–16。

适用：两者均可用于描述组距式变量分布数列。

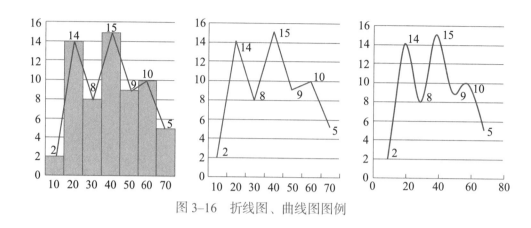

图 3-16 折线图、曲线图图例

图类解读

统计图是用几何图形、事物形象和地图等各种图形来描述统计数据的形式，它具有直观、形象、生动、具体等特点。随着信息化技术的发展，为能够用图描述更多复杂的数据关系，统计图的图样也越来越多，例如堆积柱形图、复合饼图、气泡图、茎叶统计图、网状图、热力图、金字塔图等。

三、统计调查数据分析报告

一般情况下，统计调查数据分析报告可分为报告引入、报告主体、报告结尾三部分。

（一）报告引入

统计调查数据分析报告引入部分一般包括标题、目录、调查概述。标题可以根据调查主题拟定；目录则按报告内容大纲罗列清楚；调查概述简要阐明调查实施的内容，包括调查目的、调查对象、调查单位、报告单位、调查方式和调查方法、调查工具、调查时间和调查期限等。

（二）报告主体

主体部分是统计调查数据分析报告的核心部分，把收集、整理的统计数据如实展示，要以严谨的科学方法将数据的分析过程和结果呈现在报告中。该部分可以图文并茂的方式进行陈述，但样式不宜太多，以给人严谨的印象。报告主体部分的作用在于反映数据情况，为进一步分析、研究问题提供依据。

（三）报告结尾

统计调查数据分析报告结尾部分包括结论、建议和措施。结论要以数据为基础，简洁、清晰地表达数据结果，其在报告中起到总结的作用；建议和措施要立足数据结果，针对结论中揭示的问题，结合实际情况而提出改进方法。

活动 3.2.1

◎**活动描述**

小锋在统计整理问卷数据的时候把数据制作成了统计表，见表 3-12。他还想把部分数据结果制成统计图，他希望用统计图更形象地告诉另外两个合伙人这次调查的结果。

表 3-12　消费人群分类

类别	人数／人
A 类	11
B 类	20
C 类	5
D 类	4
合计	40

◎**活动要求**

若你是小锋，请运用统计图表的知识，根据表 3-12，完成统计图的制作。

◎**活动实施**

步骤 1：选择统计图类型。表 3-12 是品质数列分组，除了要描述单位数外，各类消费人群与总数之间关系密切，可考虑扇形图或饼状图，此处以扇形图为例。

步骤 2：画图。首先画一个圆圈表示总体；其次确定分组类别，共有"A 类、B 类、C 类、D 类"四项；再次找出圆心，以圆心为中心，根据各组数据按比例划分圆形面积；最后标注各组数据，见图 3-17。

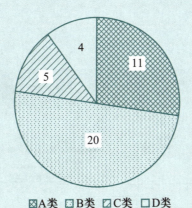

⊠A类　▧B类　▨C类　□D类

图 3-17　消费人群分类扇形图

步骤 3：美化统计图。根据图表的使用需要，对统计图中的文字、图形进行编辑，最后在图的下方居中位置添加图编号与名称。

技能提升

　　运用 Excel 中的数据透视图功能，能准确、高效地对庞大的调查问卷数据进行分类汇总，并生成统计图表。操作步骤如下：

Excel助你
制作统计图

　　（1）确定录入要求。打开技能提升素材文件夹中的"任务 3.2"工作簿下的"问卷数据"工作表。工作表已按问卷题目顺序录入了原始问卷的答案，录入要求如下：第一列为问卷编号；第一行为问卷题目顺序号；单选题只占用一列，录入时只需录入一个答案；多选题占用的列数与其选项数保持一致，并按选项顺序排列，录入时把所选选项录入对应列中，见图 3-18。

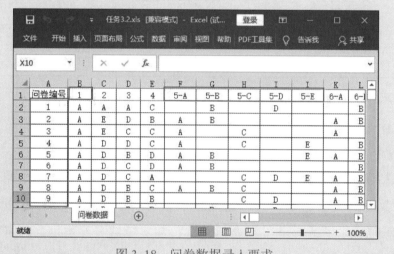

图 3-18　问卷数据录入要求

　　（2）插入数据透视图。在答案录入区域外任意选择一个空白单元格，如 W6，单击"插入"，单击"数据透视图"下方下拉三角，选择"数据透视图和数据透视表"，见图 3-19。

图 3-19　插入数据透视图和数据透视表

（3）创建数据透视图。在"创建数据透视表"对话框中可见放置位置为"W6"，运用数据选择按钮全选要分析的数据（含问卷编号、问题题号），此处为"问卷数据 !$A$1:$U$101"，单击"确定"，完成数据透视图创建，见图 3–20。

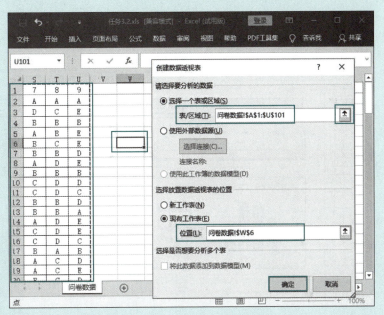

图 3–20　创建数据透视图

（4）单选题分类操作。数据透视表字段中显示"问卷编号"以及各题题号字段，如"1"表示第 1 题。把单选题题号字段拖动放置在"行"区域；把问卷编号字段拖动放置在"∑值"区域，并单击字段右下方下拉三角，选择"值字段设置"，字段类型选择"计数"，单击确定，即可生成该题统计表、统计图，见图 3–21。

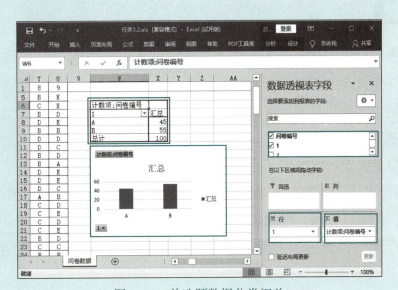

图 3–21　单选题数据分类汇总

（5）多选题分类操作。在数据透视表字段，勾选该多选题所有选项题号，把题号字段按顺序拖动放置在"∑值"区域，单击字段右下方下拉三角，把每个字段的类型设置为"计数"，即可生成该题统计表、统计图，见图3-22。

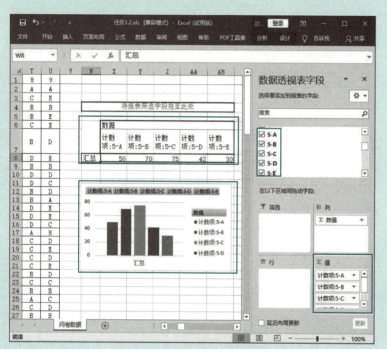

图 3-22　多选题数据分类汇总

　　统计调查数据分析报告是展示统计调查结果的一种表现形式，很多时候在进行行业或竞争对手分析时，会通过政府部门、行业协会、新闻媒体、出版社、权威网站、数据机构等多种渠道获取相关的数据分析报告，从报告中获得分析所需要的数据，其中常见的数据平台有国家统计局、易观数据、艾瑞咨询等。

　　请根据以上信息完成：

　　（1）登录国家统计局、易观数据、艾瑞咨询等数据平台，了解它们都有哪些板块。

　　（2）登录艾瑞咨询官网，搜索中国现制茶饮行业相关的研究报告，通过阅览报告，列出报告的内容框架，说说报告中用了哪些统计图表，谈谈哪个数据与结论最能引起你的注意。

自我检测

一、**单选题**（共 4 题，每题 5 分，共 20 分）

1. 适合用来描述组距式变量分布数列数据，条形间互相连接，描述数据的连续性，直观描述单位数的统计图类型是（　　　）。

    A. 柱形图　　　　　　B. 直方图　　　　　　C. 折线图　　　　　　D. 扇形图

2. 想要表达某网店的产品类型结构，最适合使用的统计图是（　　　）。

    A. 散点图　　　　　　B. 直方图　　　　　　C. 折线图　　　　　　D. 扇形图

3. 为了更直观表达某网店某种产品的销售趋势，最适合的统计图是（　　　）。

    A. 散点图　　　　　　B. 饼状图　　　　　　C. 折线图　　　　　　D. 扇形图

4. 在统计表中，通常表示各组名称，一般在表的左边，说明横行内容的是（　　　）。

    A. 总标题　　　　　　B. 横行标题　　　　　　C. 纵栏标题　　　　　　D. 数字资料

二、**多选题**（共 3 题，每题 5 分，共 15 分）

1. 从形式上看，统计表的组成部分包括（　　　　　）。

    A. 总标题　　　　　　B. 横行标题　　　　　　C. 纵栏标题　　　　　　D. 数字资料

2. 适合用来描述组距式变量分布数列数据的统计图有（　　　　　）。

    A. 饼状图　　　　　　B. 直方图　　　　　　C. 曲线图　　　　　　D. 折线图

3. 适合品质数据，而且除了能描述单位数，更能清楚地描述单位数量与总数之间的关系的统计图类型是（　　　　　）。

A.　　　　　　　　　　　　　　　B.

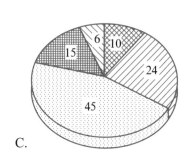

C.

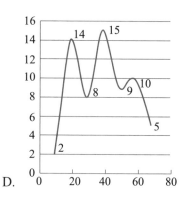

D.

三、判断题（共 7 题，每题 5 分，共 35 分）

（　　）1. 统计表的总标题一般放置在表的下端中部。

（　　）2. 数据的表现形式只有统计图、统计表。

（　　）3. 统计表中，数字要整齐，数字为 0 时应写"0"，缺乏资料用"…"表示，不应有数字时用"—"表示。

（　　）4. 统计表一定要有备注。

（　　）5. 为了更形象地展现数据结果，统计调查数据分析报告中的图表形式越多越好。

（　　）6. 按照两个或两个以上标志进行分组，可制作复合分组表。

（　　）7. 折线图是在直方图的基础上形成的。

四、制图题（共 2 题，每题 15 分，共 30 分）

据统计，某奶茶店在 11 月 1 日至 5 日"双 11"第一波促销活动中推出了三种奶茶。这三种奶茶在促销期间共销售了 2 000 杯，五天的销售量分别是 550 杯、350 杯、150 杯、250 杯、700 杯，其中抹茶奶茶占 60%、香草味奶茶占 25%、百香果奶茶占 15%。请根据以上材料完成：

1. 请借助网络，画出奶茶五天销售量趋势的折线图。

2. 请用扇形图表示三种奶茶的销售量占比。

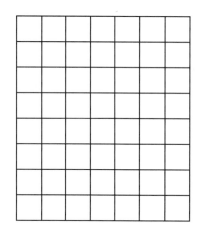

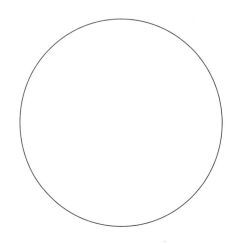

课堂思政

一幅地图引发的思考——严格品质管理，学会精益求精

2019 年某热播剧因剧情需要出现了一幅动画地图，图上用不同颜色标注每个国家和地区，但在绝大部分中国版图都着亮色的情况下，原本属于中国的海南岛和台湾岛却被排除在外，中印边境东西两段的划分也有问题。此事引发网友热议，自然资源部对电视剧相关内容进行了初步核查，发现该剧存在登载使用的地图未履行地图审核程序，并存在错误表示我国藏南地区和阿克赛钦地区国界线、我国台湾岛和海南岛底色与大陆不一致、漏绘我国南海诸岛和南海断续线、克什米尔地区表示不符合国家有关规定等问题。从上海市规划和自然资源局获悉，该剧出品公司未经测绘地理信息主管部门审核，违反了《中华人民共和国测绘法》第三十八条第一款以及《地图管理条例》第十五条第二款、第二十四条第一款的规定。依据《中华人民共和国测绘法》第六十二条以及《地图管理条例》第四十九条，出品方已经被责令改正并罚款人民币十万元整。

《中华人民共和国测绘法》是一部加强测绘管理，促进测绘事业发展，维护国家地理信息安全的法律。《地图管理条例》则是根据《中华人民共和国测绘法》，为加强地图管理，维护国家主权、安全和利益，促进地理信息产业健康发展而制定的法律。这两部法律在经济建设、国防建设、社会发展、人民生活服务、生态保护服务等方面起到保障作用。

资料来源：观察者网《片方因错误中国地图被罚 10 万，网友依旧不买账》，有改写。

思政目标：

借助思政课堂，运用新闻话题作为案例，引导学生思考：也许在地图上只是小小的一点，但它却关系到国家主权，正所谓"差之毫厘，谬以千里"。因此，除了坚持依法办事，还需要学会严格品质管理，学会精益求精。

小组讨论：

"一幅地图引发的思考"应再引起我们热议：不同领域都有其法律法规，请自选一个与你所学专业相关的岗位，了解与其相关的法律法规。谈谈这些法律法规对岗位有哪些要求，说说今后就业时如何做到依法办事，严控品质，精益求精。

模块四 统计综合指标分析

在大数据时代，数据本身不产生价值，只有当它能给企业决策提供帮助时，才具有价值。所以对数据进行归纳分析，让数据"说话"是统计工作最基本的任务，也是我们在大数据时代读懂、听懂、看懂一切事实真相的基础。

数据分析中最基本、最常用的方法是综合指标法。综合指标法是指运用各种统计指标对社会经济现象的数量方面进行分析。统计指标按作用和表现形式不同分为总量指标、相对指标、平均指标和标志变异指标，综合反映总体的规模、水平、结构、比例、集中、分散等数量特征。

每一种统计指标只能从一个侧面或某种属性来解读社会经济现象的状态及其变化，如果需要从多方面反映社会经济现象的总体或整体状况，就必须使用多个统计指标乃至多个指标体系进行综合反映。所以，社会经济统计的方方面面都离不开统计指标，统计工作的全部过程也都是围绕或通过统计指标来进行的。本模块知识点思维导图见图 4–1。

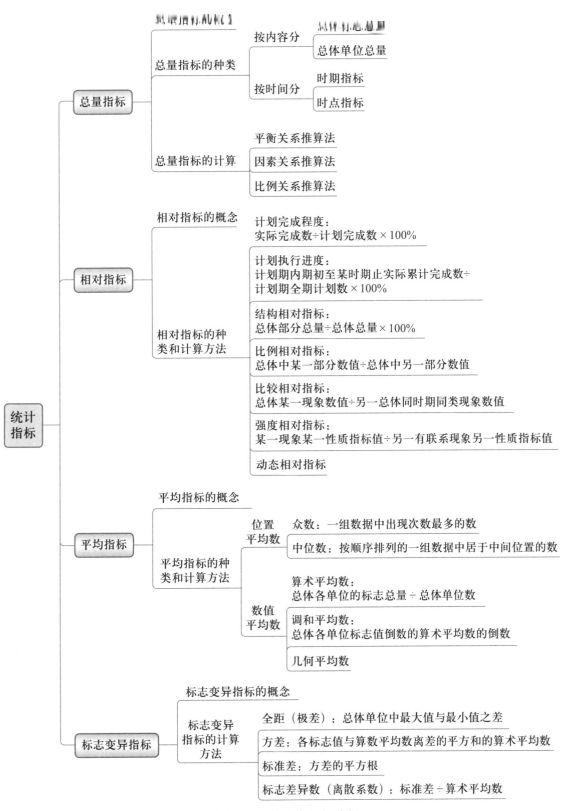

图 4-1　统计综合指标分析

任务 4.1　总量指标分析与应用

- 会陈述总量指标的概念和作用。
- 会区分总体单位总量、总体标志总量、时期指标和时点指标。
- 能运用总量指标对经济数据进行总体规模和水平分析。
- 培养数据分析思维。
- 提升企业经营管理意识。

职业情景

　　零度奶茶店正式营业了。在紧张忙碌的运营中，企业产生了许多数据，如采购成本、新增客户数、营业收入、利润总额等。这些数据反映了企业的哪些重要信息呢？我们又该如何分析呢？

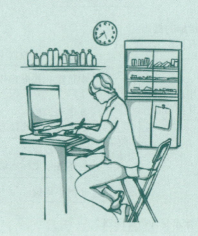

知行联动

一、总量指标的概念

　　总量指标是反映统计总体在一定时间、空间条件下的总规模或总水平的综合数据。总量指标用绝对数形式表现，因此也称为统计绝对数。总量指标表现为总量之间的差额，可以是增加额，也可以是减小额。例如，一个国家一定时期的国内生产总值（GDP）、粮食产量、社会消费品零售总额、固定资产投资、进出口总额等国民经济指标都属于总量指标。

数据解读

国家统计局数据显示：2020 年我国国内生产总值为 1 015 986 亿元，比上年增长 2.3%。第一产业增加值 77 754 亿元，增长 3.0%；第二产业增加值 384 255 亿元，增长 2.6%；第三产业增加值 553 977 亿元，增长 2.1%。全年最终消费支出拉动国内生产总值下降 0.5 个百分点，资本形成总额拉动国内生产总值增长 2.2 个百分点，货物和服务净出口拉动国内生产总值增长 0.7 个百分点；全年城镇新增就业 1 186 万人，比上年少增 166 万人；年末国家外汇储备 32 165 亿美元，比上年末增加 1 086 亿美元。

其中，GDP 是一个国家所有常住单位在一定时期内生产活动的最终成果，即所生产和提供的最终产品和服务的总价值，通常由将国民经济各行业增加值相加得出。GDP 是衡量一个国家经济状况和发展水平的重要指标，也是国民经济核算的核心指标。此处，国内生产总值、三大产业增加值、全年城镇新增就业人口数和年末国家外汇储备等均为总量指标，都能从不同角度说明我国社会经济所达到的规模和绝对水平。

总量指标是认识客观事物的起点，是对总体数量特征和数量关系进行统计描述的基础数据。当我们对研究对象进行观察时，首先需要了解研究对象的外在规模和水平，然后才能分析研究对象内部各方面之间的联系。

总量指标是统计中最常用、最基本的综合指标。相对指标和平均指标一般都是由两个有联系的总量指标相对比而计算出来的，是总量指标的派生指标。总量指标计算是否科学、合理、准确，将会直接影响相对指标和平均指标的准确性。

二、总量指标的种类

（一）总量指标按照其反映的总体内容划分

总量指标按照其反映的总体内容不同，可分为总体单位总量和总体标志总量。

总体单位总量反映总体中单位数的多少，即被研究对象规模的大小，是由每个总体单位加总得到的，又称为总体总量或总体单位数。而总体标志总量反映总体中各单位某一数量标志的标志值总和，需要通过汇总计算得到。例如研究中国工业企业生产经营状况时，工业企业总数就是总体单位总量，其中各个工业企业的职工总人数、工业总产值等就是总体标志总量。

总体单位总量和总体标志总量是相对于一定的总体而言的。如果研究目的变了，导致总体改变，总体单位总量和总体标志总量也会随之改变。例如将上例中的"研究中国工业企业生产经营状况"的研究目的变换为"了解某工业企业职工基本情况"时，工业企业职工总人数就成为总体单位总量。正确区分总体单位总量和总体标志总量，对于计算相对指标和平均指标具有重要意义。

活动 4.1.1

◎**活动描述**

零度奶茶店采购员在与供应商 A 公司沟通时，将原材料的价格、质量及账期等相关信息详细地记录于表 4–1 中。

表 4–1　原材料询价记录表　　　　　　　供应商：A 公司

日期：2019.01.10

序号	品名	等级	单价 / 元	采购数量 / 千克	账期
1	奶粉	一级	60.00	30	7 天
2	芝士粉	一级	120.00	20	7 天
3	珍珠	一级	20.00	10	7 天
4	砂糖	一级	15.00	30	7 天
采购数量合计	—	—	90	—

◎**活动要求**

请帮助采购员区分表 4–1 中的总体单位总量和总体标志总量。

◎**活动实施**

步骤 1：确定总体，即确定被研究对象。根据表格标题可确定表 4–1 中的所有原材料为一个总体。

步骤 2：确定总体单位（个体）。表 4–1 中的每一种原材料都是一个总体单位。

步骤 3：计算总体单位总量。因为奶粉、芝士粉、珍珠、砂糖各是一个总体单位，所以总体单位总量为 4。

步骤 4：判断总体标志总量。一个总体单位可以有多个标志。此表中，"品名""等级""单价""采购数量"等都是标志；与"采购数量"标志对应的"采购数量合计"则是总体标志总量，计算结果为 90。

（二）总量指标按照其反映的时间状况划分

总量指标按其反映的时间状况不同，可划分为时期指标和时点指标。

时期指标是指能够反映总体在一段时间内发展变化结果的总数量的指标，属于流量，如利润总额、销售收入、工资总额、国民生产总值等，反映了社会经济现象在相应时期内发生的总量；而时点指标是指反映总体在某一时刻上呈现、存在或达到的总数量的指标，属于存量，如存款余额、资产总额、人口数、库存量等，反映的是社会经济现象在某一时刻或某一瞬间状态上的水平。

时期指标与时点指标的区别在于：时期指标数值大小与时间长短有直接关系，不同时期的指标数值具有可加性；相反，时点指标的数值大小与其时间的间隔长短无关，不同时点的指标数值不具有可加性。例如把每天机器设备的数量累加，其结果无意义。会区分时期指标和时点指标，是正确计算序时平均数的前提。

活动 4.1.2

◎活动描述

零度奶茶店采购员与供应商 B 公司沟通时，也详细地记录了原材料的价格、质量及账期等相关信息，见表 4-2。

表 4-2　原材料询价记录表　　　　　　　　供应商：B 公司

日期：2019.01.10

序号	品名	等级	单价 / 元	采购数量 / 千克	账期
1	奶粉	一级	55.00	30	7 天
2	芝士	一级	130.00	20	7 天
3	珍珠	一级	16.00	10	7 天
4	砂糖	一级	15.00	30	7 天
采购数量合计	—	—	90	—

◎活动要求

请帮助采购员区分表 4-2 中的时期指标和时点指标。

◎活动实施

步骤 1：确定时期指标。表 4-2 中，采购数量是反映一段时间内原材料采购的总数量，且连续采购批次、连续采购月份等不同期间的采购数量可以相加，相加后的结果有意义。所以，采购数量是时期指标。

步骤 2：确定时点指标。原材料单价是反映某一时点上的价格情况，其数值大小与时间长短没有直接关系，且不同时点的单价相加之后的结果无意义，所以单价是时点指标。

三、总量指标的计算

总量指标的计算方法分为直接计算法和间接推算法。直接计算法就是直接按照总体单位数或总体单位标志值汇总计算。间接推算法则包括以下三种。

（一）平衡关系推算法

平衡关系推算法是根据社会经济现象间的平衡关系，利用已知指标推算未知的总量指标。例如，"期初库存＋本期购进＝本期发出＋期末库存"，根据此公式可以对公式中的某一指标进行推算。应用平衡关系推算法时要求平衡关系中的项目不能重复和遗漏，且计算口径要保持一致，否则计算结果会出现误差和错误。

（二）因素关系推算法

因素关系推算法即根据社会经济现象的因果关系，利用已知的指标推算未知的总量指标。例如，商品销售额＝商品销售量×单价，产品单位生产成本＝产品总成本÷完工数量等。运用因素关系推算法的关键在于正确分析社会经济现象的构成要素及其内在联系。

活动 4.1.3

◎**活动描述**

零度奶茶店采购员接到工作指令，需尽快确定供应商，完成采购备货。

◎**活动要求**

请帮助采购员计算表 4–3 和表 4–4 中原材料的金额（买价），并对供应商做出选择。

表 4–3　原材料询价记录表　　　　　　供应商：A 公司

日期：2019.01.10

序号	品名	等级	单价 / 元	采购数量 / 千克	金额	账期
1	奶粉	一级	60.00	30		7 天
2	芝士粉	一级	120.00	20		7 天
3	珍珠	一级	20.00	10		7 天
4	砂糖	一级	15.00	30		7 天
合计				90		

表 4–4　原材料询价记录表　　　　　　供应商：B 公司

日期：2019.01.10

序号	品名	等级	单价 / 元	采购数量 / 千克	金额	账期
1	奶粉	一级	55.00	30		7 天
2	芝士粉	一级	130.00	20		7 天

续表

序号	品名	等级	单价/元	采购数量/千克	金额	账期
3	珍珠	一级	16.00	10		7天
4	砂糖	一级	15.00	30		7天
合计				90		

◎**活动实施**

步骤1：确定表4-3和表4-4中"金额"的计算方法：金额 = 单价 × 采购数量。

步骤2：完成四种材料的金额计算，并写出合计金额。

步骤3：比较分析，确定供应商。在产品质量、账期等其他因素相同的情况下，应当优先考虑采购成本较低的供应商。

采购环节是企业进行生产经营活动的第一个环节。降低采购成本意味着企业可以减少投入，增加利润空间。但如果一味地降低采购成本，可能会因为材料的质量问题而影响到企业的产品品质和生产经营。所以，企业应当加强材料采购成本的管理，控制材料成本和质量，提升产品的市场竞争力和企业的经济效益。

（三）比例关系推算法

比例关系推算法是根据已知的某种指标与其相关指标的比例关系，推算出另一种指标的具体数值。例如，已知某地区服装商品出口总额占外贸出口总额的40%，该地区外贸出口总额为1.2亿元，则可以推算出服装商品出口总额为0.48亿元。应用比例关系推算法时，作为推算依据的事物与所推算的事物间需具有同类性和可比性。如果两者性质相差太远，则推算结果将失去可靠性。

四、总量指标的计量单位

总量指标的计量单位一般有三种，即实物单位、货币单位和劳动单位，见图4-2。

其中，货币单位也称作价值单位，是使用货币作为价值尺度计量社会物质财产和劳动成果的一种计量单位。例如，人民币、美元、欧元、英镑等。

货币单位的最大特点是代表一定的社会必要劳动量，具有最广泛的综合性能。不同货物或服务由于其自然属性、表现形态和使用价值不同，在计算经济活动总规模或总水平时，以实物单位计量的各种产品产量间是不能直接相加的，而用货币单位可以计算出各产品的价值再累加求和。因此，价值指标在国民经济中使用最为广泛。

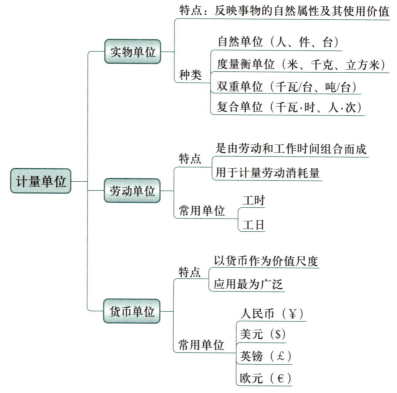

图 4-2　总量指标的计量单位

技能提升

在计算总量指标时，可借助 Excel 办公软件中的 SUM 函数对数据进行快速求和。

1. 利用 SUM 函数计算向供应商 A 公司采购的材料成本

（1）认识 SUM 函数，SUM 函数参数对话框见图 4-3。

Excel 操作
技能：SUM

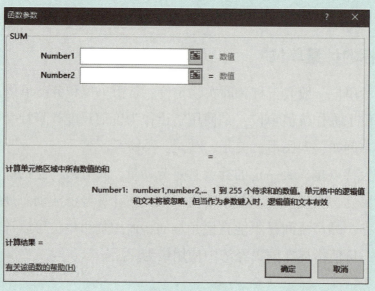

图 4-3　SUM 函数参数对话框

① 功能：计算某一单元格区域中所有数字的和。

② 表达式：SUM（number1，[number2]，…）

③ 语法格式：SUM（求和的第一个值，求和的第二个值，…）

（2）操作步骤如下。

① 打开技能提升素材文件夹中的"任务 4.1"工作簿，"活动 4.1.3"工作表。

② 单击选择 E9 单元格，单击"公式"选项卡中的"自动求和"按钮，单元格显示输入公式"=SUM（E5：E8）"。

③ 按回车键，单元格显示结果为"90"，见图 4-4。

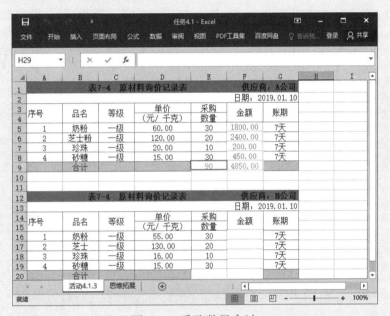

图 4-4　采购数量合计

④ 单击选择 F5 单元格，输入公式"=D5*E5"，按回车键，单元格显示结果为"1800.00"。

⑤ 单击选中 F5 单元格，当鼠标变成填充柄后，双击填充柄快速填充 F6:F8 单元格区域。

⑥ 单击选择 F9 单元格，单击"公式"选项卡中的"自动求和"按钮，单元格显示输入公式"=SUM（F5：F8）"。

⑦ 按回车键，F9 单元格显示结果为"4850.00"。

2. 按照以上方法，计算向供应商 B 公司采购的材料成本

小提示：可同时按下 Alt 键和 = 键实现快速求和。

请根据表4-5中的统计资料，分析哪些是总量指标。它们分别是时期指标还是时点指标？总体单位总量和总体标志总量又分别是多少？你还能从表4-5中解读出哪些信息？例如：哪个地区人口最多，哪个地区的生产总值最高，生产总值最高的地区与生产总值最低的地区相比，它们的差距是多少等。

表4-5　2019年地区统计数据

地区	年末常住人口 / 万人	年末城镇人口比重 /%	地区生产总值 / 亿元	三大产业增加值 / 亿元		
				第一产业	第二产业	第三产业
北京	2 154	86.60	35 371.28	113.69	5 715.06	29 542.53
天津	1 563	83.48	14 104.28	185.23	4 969.18	8 949.87
河北	7 592	57.62	35 104.52	3 518.44	13 597.26	17 988.82
山西	3 729	59.55	17 026.68	824.72	7 453.09	8 748.87
内蒙古	2 540	63.37	17 212.53	1 863.19	6 818.88	8 530.46
辽宁	4 352	68.11	24 909.45	2 177.77	9 531.24	13 200.44
吉林	2 691	58.27	11 726.82	1 287.32	4 134.82	6 304.68
黑龙江	3 751	60.90	13 612.68	3 182.45	3 615.21	6 815.03
上海	2 428	88.30	38 155.32	103.88	10 299.16	27 752.28
江苏	8 070	70.61	99 631.52	4 296.28	44 270.51	51 064.73
浙江	5 850	70.00	62 351.74	2 097.38	26 566.60	33 687.76
安徽	6 366	55.81	37 113.98	2 915.70	15 377.90	18 860.38
福建	3 973	66.50	42 395.00	2 596.23	20 581.74	19 217.03
江西	4 666	57.42	24 757.50	2 057.56	10 939.83	11 760.11
山东	10 070	61.51	71 067.53	5 116.44	28 310.92	37 640.17
河南	9 640	53.21	54 259.20	4 635.40	23 605.79	26 018.01
湖北	5 927	61.00	45 828.31	3 809.09	19 098.62	22 920.60
湖南	6 918	57.22	39 752.12	3 646.95	14 946.98	21 158.19
广东	11 521	71.40	107 671.07	4 351.26	43 546.43	59 773.38
广西	4 960	51.09	21 237.14	3 387.74	7 077.43	10 771.97
海南	945	59.23	5 308.93	1 080.36	1 099.03	3 129.54
重庆	3 124	66.80	23 605.77	1 551.42	9 496.84	12 557.51
四川	8 375	53.79	46 615.82	4 807.24	17 365.33	24 443.25
贵州	3 623	49.02	16 769.34	2 280.56	6 058.45	8 430.33

续表

地区	年末常住人口 / 万人	年末城镇人口比重 /%	地区生产总值 / 亿元	三大产业增加值 / 亿元		
				第一产业	第二产业	第三产业
云南	4 858	48.91	23 223.75	3 037.62	7 961.58	12 224.55
西藏	351	31.54	1 697.82	138.19	635.62	924.01
甘肃	2 647	48.49	8 718.30	1 050.48	2 862.42	4 805.40
青海	608	55.52	2 965.95	301.90	1 159.75	1 504.30
宁夏	695	59.86	3 748.48	279.93	1 584.72	1 883.83
新疆	2 523	51.87	13 597.11	1 781.75	4 795.50	7 019.86

数据来源：《中国统计年鉴—2020》

自我检测

一、单选题（共 5 题，每题 5 分，共 25 分）

1. 总量指标按其反映的时间状况不同，可分为（　　）。

　　A. 预计指标和终期指标　　　　　　　　B. 时点指标和时期指标

　　C. 基期指标和报告期指标　　　　　　　D. 先行指标和滞后指标

2. 总量指标按其反映的总体内容不同，可分为（　　）。

　　A. 总体指标和个体指标　　　　　　　　B. 时期指标和时点指标

　　C. 总体单位总量指标和总体标志总量指标　　D. 总体单位总量指标和标志单位指标

3. 下列关于总体单位总量和总体标志总量的描述中，（　　）是错误的。

　　A. 总体单位总量反映总体中单位数的多少，即被研究对象规模的大小

　　B. 总体单位总量是由每个总体单位加总得到的，又称总体总量或总体单位数

　　C. 总体标志总量反映的是总体中各单位某一数量标志的标志值总和，需要通过汇总计算得到

　　D. 总体单位总量和总体标志总量是相对于一定的总体而言的。如果研究目的变了，总体也改变了，总体单位总量和总体标志总量不会随之改变

4. 某企业有职工 1 000 人，职工年工资总额为 4 846.4 万元，要研究该企业的职工工资待遇水平，则（　　）。

　　A. 1 000 人为总体单位总量、4 846.4 万元为总体标志总量

　　B. 1 000 人为总体标志总量、4 846.4 万元为总体标志总量

　　C. 1 000 人为总体单位总量、4 846.4 万元为总体单位总量

　　D. 1 000 人为总体标志总量、4 846.4 万元为总体单位总量

5. 2020 年末某市常住人口为 2 114.8 万，比上年末增加 45.5 万人，该市常住人口和新增人口数量依次为（　　　　）。

　　A. 时期指标　时期指标 　　　　　　　B. 时期指标　时点指标

　　C. 时点指标　时期指标 　　　　　　　D. 时点指标　时点指标

二、多选题（共 5 题，每题 5 分，共 25 分）

1. 下列说法正确的有（　　　　　）。

　　A. 总量指标是反映统计总体在一定时间、空间条件下的总规模或总水平的综合数据

　　B. 总量指标用绝对数形式表现，因此也称为统计绝对数

　　C. 总量指标表现为总量之间的差额，可以是增加额，也可以是减少额

　　D. 总量指标是统计中最常用、最基本的综合指标

2. 时期指标的特点有（　　　　　）。

　　A. 不同时期的指标数值可以相加

　　B. 不同时期的指标数值不能相加

　　C. 某时期的指标数值与该期时间长短有直接关系

　　D. 某时期指标数值的大小与该期时间长短无关

　　E. 更长时期的指标数值可通过连续相加得到

3. 时点指标的特点有（　　　　　）。

　　A. 不同时点的指标数值可以相加

　　B. 不同时点的指标数值不能相加

　　C. 某时点的指标数值与时间长短有直接关系

　　D. 某时点的指标数值的大小与时间长短无关

　　E. 某时点的指标数值可通过连续时点的指标数值相加得到

4. 下列指标中，属于时点指标的有（　　　　　）。

　　A. 销售额 　　　　　　　　　　　　B. 设备台数

　　C. 全年出生人口数 　　　　　　　　D. 净利润

　　E. 资产库存

5. 下列指标中，属于时期指标的有（　　　　　）。

　　A. 2020 年某地区生产总值 19 500.6 亿元

　　B. 2020 年末某地区常住人口 2 069.3 万人

　　C. 2020 年某地区城镇居民人均可支配收入 40 321 元

　　D. 2020 年某地区实现社会消费品零售额 8 375 亿元

　　E. 2020 年末某地区共有卫生机构 9 974 家

三、判断题（共 5 题，每题 5 分，共 25 分）

（　　）1. 对于一个特定研究对象而言，总体单位总量可以有若干个。

（　　）2. 实物单位有自然单位、度量衡单位、双重单位和复合单位。

（　　）3. 人数、吨、千米、米、台时、亿元为实物单位。

（　　）4. 统计指标反映的是总体的量，它是许多个体现象的数量综合的结果。

（　　）5. 统计指标体系是由若干个相互联系的统计指标组成的。

四、综合分析题（共 25 分）

某品牌服装公司 2019 年第四季度线上销售额为 45 万元，线下销售额为 216 万元。2020 年第一季度销售额数据见表 4–6。

表 4–6　某品牌服装公司 2020 年第一季度销售额统计表　　　　单位：万元

销售额	1 月份	2 月份	3 月份	合计
线上销售额	100	208	207	
线下销售额	95	28	42	
合计				

要求：

（1）请将表格数据补充完整。（8 分）

（2）请将下面这段销售额分析报告中的错误之处找出来，并在旁边空白处写出你的修改建议。（17 分）

某品牌服装公司第一季度线上销售额为 515 万元，线下销售额为 165 万元，线上销售额比线下销售额多 350 万元；2 月份线下销售额比 1 月份减少 67 万元，而同期线上销售额却大幅提升；3 月份线上销售额与 2 月份基本持平，而线下销售额比上月减少 14 万元；3 月份线下销售额比 1 月份减少近一半，但是比 2 月份有所增长；总体来看，受疫情影响，2020 年第一季度线下销售额增长迅速，线上销售额大幅减少。

修改建议：

任务 4.2　相对指标分析与应用

学习目标

- 能陈述相对指标的概念和分类。
- 会相对指标的计算方法。
- 能运用相对指标描述相关经济数据之间的相对水平或程度。
- 培养数据分析思维。
- 提升企业经营管理意识。

职业情景

　　零度奶茶店正式营业一段时间了，三个合伙人决定召开会议，对公司的运营情况进行讨论。请运用指标分析方法对企业内部运营情况和同行竞争情况分别进行纵向与横向的对比分析，帮助小远完成汇报的准备工作。

知行联动

一、相对指标的概念

　　相对指标也称作统计相对数，是指将两个有联系的统计指标进行对比所得的比率或比值，用来描述相关数量之间的相对水平或程度。相对指标一般用于揭示同一总体内不同现象、不同部分之间的内在性联系，也可以用于揭示两个独立总体之间比较同类现象的外在性联系。其计算公式为：

$$相对指标 = \frac{比数}{基数}$$

作为分母的基数，是用来作为对比标准的基础数据；作为分子的比数，是用来与基数对比的相对数据。

数据解读

2021 年 3 月 31 日，华为对外发布 2020 年年度报告。报告显示：华为 2020 年实现销售收入 8 914 亿元，同比增长 3.8%，营业利润率为 8.10%，研发费用支出达到人民币 1 418.93 亿元，约占全年收入的 15.9%，达到了历史新高。中国区的销售收入在全球的占比再次增加，达到了 65%，同比增加 15%⋯⋯

在这份报告中，销售收入和研发费用支出是总量指标，用绝对数表示；而同比增长率、营业利润率、研发投入占比和销售占比都是相互联系的指标对比的结果，属于相对指标。

结合相对指标和总量指标进行分析，可以更全面地认识事物的发展速度、构成情况和相关程度等。例如：销售收入只能说明该企业收入规模大小，并不能说明销售收入发展速度的快慢，如果将该年销售收入与上年对比，计算出增长率相对指标，就可以得出收入发展速度了；计算销售占比则可以反映收入的结构特征；而计算营业利润率、资金利税率等相对指标，不仅可以对企业的生产经营效益做出合理评价，而且还便于与其他企业进行横向比较，这都是总量指标无法达到的效果。

二、相对指标的种类及计算方法

相对指标有七种形式，分别是计划完成程度相对指标、计划执行进度相对指标、结构相对指标、比例相对指标、比较相对指标、强度相对指标和动态相对指标。因动态相对指标将在模块五时间序列分析中进行讲解，故本任务着重讲解前六个相对指标的计算方法，见图 4-5。

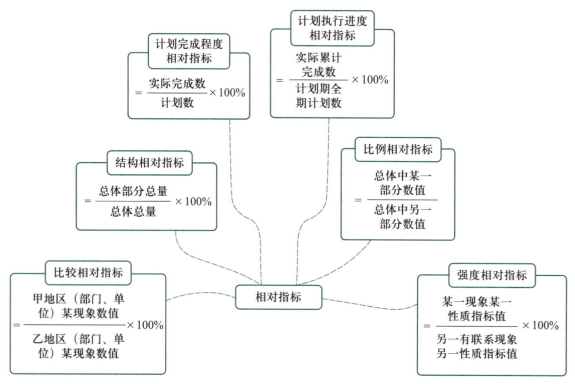

图 4-5 相对指标的种类及计算方法

（一）计划完成程度相对指标

计划完成程度相对指标是某一段时期内同一总体的实际数和计划数对比的相对数，通常用百分数表示。在计算时，要求分子、分母在指标的内容、范围、计算方法、计算单位及时间长度等方面完全统一。其计算公式为：

$$计划完成程度相对指标 = \frac{实际完成数}{计划数} \times 100\%$$

在实际工作中，有时计划任务是按提高率或降低率进行规定的，如销售额增长率、产品成本降低率等。在计算计划完成程度时，分子和分母都应包括基数（100%或1），此时计算公式为：

$$计划完成程度相对指标 = \frac{1 \pm 实际增减百分比}{1 \pm 计划增减百分比} \times 100\%$$

计划完成程度是统计工作中最常用的相对数，一般作为编制下期计划的参考。

评价一项指标是否完成计划以及完成的程度如何，要根据指标性质的不同分别加以确定。对于计划数以最低限额提出的反映效益、产出的指标，如产量、产值、销售额、利润等，其计划完成相对数越大，表示计划完成程度越高；对于计划数以最高限额制定的反映成本、消耗的指标，如单位产品生产成本、商品流通费用等，其计划完成相对数越小，表示计划完成程度越高。

计划完成程度指标只反映了计划执行的结果，在分析计划执行情况中，还要检查计划执行的进度和均衡程度，这就需要运用计划执行进度相对指标进行衡量。

（二）计划执行进度相对指标

计划执行进度相对指标用于检查计划执行过程与时间进度的要求适应与否。在均衡生产条件下要求时间过半，完成任务量也过半。计划执行进度相对指标可以逐日、逐旬、逐季地检查计划的执行情况，反映计划执行的均衡性。其计算公式为：

$$计划执行进度相对指标 = \frac{计划期内期初至某时期止实际累计完成数}{计划期全期计划数} \times 100\%$$

检查计划执行进度最直接的目的就是保证计划能够顺利按时完成。因此，时间就成为衡量计划执行进度的一个核算标准：全年分为四个季度，每个季度应完成计划数的 1/4，即 25%。四个季度按顺序与时间的匹配关系分别是：25%、50%、75% 和 100%。企业可参考这四个百分数来衡量各项计划的执行进度，便于计划执行者及时发现问题，提出改进措施。

活动 4.2.1

◎**活动描述**

零度奶茶店开业 3 个月了，销售人员将 2019 年第一季度的销售数据进行整理（见表 4-7），为第一季度运营情况汇报工作做好资料准备。

表 4-7　2019 年第一季度产品销售明细表

序号	品名	单价 / 元	销售数量 / 杯	金额 / 元	第一季度 计划销售额 / 元	全年 计划销售额 / 元
1	珍珠奶茶	8.00	4 000	32 000.00	24 000.00	96 000.00
2	芝士奶茶	10.00	3 000	30 000.00	30 000.00	120 000.00
3	水果茶	12.00	2 000	24 000.00	31 200.00	124 800.00
合计	—	—	9 000	86 000.00	85 200.00	340 800.00

◎**活动要求**

请帮助小远计算第一季度的销售额计划完成程度相对指标和计划执行进度相对指标，并分析第一季度销售任务完成情况。

◎**活动实施**

步骤 1：计算计划完成程度相对指标。

$$珍珠奶茶第一季度销售额计划完成程度相对指标 = \frac{珍珠奶茶第一季度实际销售额}{珍珠奶茶第一季度计划销售额} \times 100\%,$$

计算结果为 133.33%；按照相同的计算方法，芝士奶茶、水果茶及三种产品总销售额的计划完成程度分别为 100.00%、76.92% 和 100.94%。

步骤2：计算计划执行进度相对指标。

第一季度珍珠奶茶销售额计划执行进度相对指标 $= \dfrac{\text{珍珠奶茶第一季度实际销售额}}{\text{珍珠奶茶全年计划销售额}} \times 100\%$，

计算结果为33.33%；按照相同的计算方法，芝士奶茶、水果茶及三种产品总销售额的计划执行进度分别为25.00%、19.23%和25.23%。

步骤3：分析第一季度销售任务完成情况。

第一季度三种产品总销售额的计划完成程度为100.94%，实际比计划超额完成0.94%。其中，珍珠奶茶第一季度销售额任务完成情况最理想，实际比计划超额完成33.33%，芝士奶茶销售额刚好达到计划目标，而水果茶只完成计划的76.92%；总体来看，三种产品销售总额计划执行进度为25.23%，时间和进度协调。其中，珍珠奶茶和芝士奶茶的计划执行进度分别为33.33%、25.00%，而水果茶为19.23%，可见三种产品的销售额计划执行进度并不均衡。

因此，本店需查找水果茶销售业绩不佳的原因，寻找解决方案，以保证顺利完成全年的销售任务。

（三）结构相对指标

结构相对指标又称经济统计自身对比或数据的内部分析，是指在同一总体中，部分与总体之间的比率关系。它表明总体各部分占总体的比重，一般用百分数表示，如女性人口所占的比重、人口老龄化程度、市场占有率、恩格尔系数等。总体中各组成部分比重之和必须等于100%。其计算公式为：

$$\text{结构相对指标} = \frac{\text{总体部分总量}}{\text{总体总量}} \times 100\%$$

结构相对指标在经济研究中具有重要作用，主要体现在以下三个方面。

（1）结构相对指标可以说明在一定时间、地点和条件下总体结构的特征。

（2）不同时期结构相对指标的变化，可以反映事物性质的发展趋势以及经济结构的演变规律。

（3）各构成部分所占比重的大小，可以反映所研究现象总体的质量，有助于分清主次，确定工作重点。

（四）比例相对指标

比例相对指标是总体中某一组的指标数值与另一组指标数值之比，表明组与组之间的联系程度或比例关系。其计算公式为：

$$\text{比例相对指标} = \frac{\text{总体中某一部分数值}}{\text{总体中另一部分数值}}$$

　　比例相对指标与结构相对指标都是反映同一总体的内部联系，二者的区别在于：结构相对指标是反映总体内部各组成部分的分配比重及其变化情况，从而深刻认识事物各个部分的特殊性质及其在总体中所占有的地位和地位的变化；而比例相对指标是反映总体中不同部分之间的数量关系，用以分析总体范围内各个局部、各个分组之间的比例关系和协调平衡状况。

活动 4.2.2

◎**活动描述**

　　零度奶茶店的销售人员将 2019 年第一季度的销售数据进行整理（见表 4–8），继续为第一季度运营情况汇报工作做好资料准备。

表 4–8　2019 年第一季度产品销售明细表

序号	品名	单价 / 元	销售数量 / 杯	金额 / 元	第一季度计划销售额 / 元	全年计划销售额 / 元
1	珍珠奶茶	8.00	4 000	32 000.00	24 000.00	96 000.00
2	芝士奶茶	10.00	3 000	30 000.00	30 000.00	120 000.00
3	水果茶	12.00	2 000	24 000.00	31 200.00	124 800.00
合计	—	—	9 000	86 000.00	85 200.00	340 800.00

◎**活动要求**

　　请运用结构相对指标和比例相对指标，帮助小远分析第一季度销售额的构成情况。

◎**活动实施**

步骤 1：计算结构相对指标。

$$珍珠奶茶销售额占比 = \frac{珍珠奶茶第一季度实际销售额}{第一季度销售额合计} \times 100\% = 37.21\%；$$按照相同的计算方法，芝士奶茶、水果茶销售占比分别为 **34.88%** 和 **27.91%**。

步骤 2：计算比例相对指标。

$$珍珠奶茶与水果茶销售量的比例相对指标 = \frac{4\,000}{2\,000} = 2$$

$$珍珠奶茶与水果茶销售额的比例相对指标 = \frac{32\,000}{24\,000} = 1.33$$

$$芝士奶茶与水果茶销售量的比例相对指标 = \frac{3\,000}{2\,000} = 1.5$$

$$芝士奶茶与水果茶销售额的比例相对指标 = \frac{30\,000}{24\,000} = 1.25$$

步骤3：分析第一季度销售额构成情况，并对三种产品的销售量和销售额进行对比分析。

第一季度珍珠奶茶、芝士奶茶和水果茶三种产品的总销售额为 86 000 元，销售占比分别为 37.21%、34.88% 和 27.91%。三种产品的销售量比例为 2：1.5：1，而销售额比例为 1.33：1.25：1。珍珠奶茶的销量是水果茶的 2 倍，芝士奶茶的销量是水果茶的 1.5 倍，但是因为珍珠奶茶定价最低，所以它与芝士奶茶的销售额差距不大。由此可见，珍珠奶茶最受消费者欢迎且已成为本店的主打产品。

（五）比较相对指标

比较相对指标又称"比较相对数"或"同类相对数"，是将两个性质相同的指标做静态对比得出的综合指标，用以反映同一时期内同类现象在不同空间的数量进行对比而得出的数量关系。其计算公式为：

$$比较相对指标 = \frac{甲地区（部门、单位）某一现象的数值}{乙地区（部门、单位）同一时期同类现象的数值} \times 100\%$$

比较相对指标是不同总体的对比，说明某一现象在同一时期内各单位发展的不平衡性或总体各部分的协调性，一般用百分数或倍数表示。

比较相对指标既可用于不同国家、地区、单位之间的比较，也可用于先进与落后的比较，还可用于与标准水平或平均水平进行比较。比较相对指标可以揭示同类现象之间先进与落后的差异程度，找出差距，挖掘潜力，促进进一步发展，但要求对比的分子与分母在时间、指标口径、计量单位等方面具有可比性。此外，比较基数的选择要根据资料的特点及研究目的，以及哪种方法能更确切地说明问题的实质而定。

（六）强度相对指标

强度相对指标是反映统计总体中两种不同现象、不同性质的总量指标对比所形成的比值，它是用来反映现象的强度、密度、普遍程度或利用程度的综合指标。例如：人口密度为 1 051 人 / 平方千米，人均国民收入为 20 769 元 / 人等。其计算公式为：

$$强度相对指标 = \frac{某一现象某一性质指标值}{另一有联系现象另一性质指标值} \times 100\%$$

当强度相对指标的分子指标和分母指标是不同计量单位时，用有名数表示，会形成分子分母计量单位组合而成的复合单位。例如，人均 GDP 用"元 / 人"表示，流动资金周转率用"次 / 年"表示等。当分子指标和分母指标的计量单位相同时，强度相对指标就用倍数、系数、百分数和千分数等无名数表示。

强度相对指标在一般情况下分子分母可以互换，因此，它有正、逆指标之分。正指标数值越大，说明现象强度、密度越大，逆指标数值越小，说明现象强度、密度越小。

强度相对指标是反映总体内涵和质量的重要指标，其作用表现为以下三个方面：

（1）可以用来反映现象的密度和普遍程度，如人口密度、商业网点密度、铁路密度等。

（2）可以用来评价一国或某一地区的经济发展水平高低和经济实力强弱，如人均GDP、人均粮食产量、人均公共教育经费、人均国民总收入等。

（3）可以用多个有关联的强度相对指标评价经济活动效果。例如，利用企业的利润总额、销售收入、成本费用、投资成本等指标计算销售利润率、投资回报率、成本利润率等，从不同角度反映企业的盈利能力。

活动 4.2.3

◎活动描述

零度奶茶店投资总额为 20 万元，2019 年实现利润总额 132 000 元。销售人员将2019 年销售数据进行整理（见表 4–9），并为 2019 年运营情况汇报工作做好资料准备。

表 4–9　2019 年产品销售明细表

序号	品名	单价 / 元	销售数量 / 杯	金额 / 元	单位销售成本 / 元	销售成本 / 元
1	珍珠奶茶	8.00	12 800	102 400.00	3.50	44 800.00
2	芝士奶茶	10.00	14 400	144 000.00	6.00	86 400.00
3	水果茶	12.00	10 000	120 000.00	7.00	70 000.00
合计	—	—	37 200	366 400.00	—	201 200.00

◎活动要求

请帮助小远计算销售毛利率、销售利润率和投资回报率，分析公司盈利能力并与竞争对手 A 店（销售毛利率 68%、销售利润率 55%）进行对比分析。

◎活动实施

步骤 1：计算销售毛利率、销售利润率和投资回报率。

销售毛利 = 销售收入 – 销售成本 =366 400–201 200=165 200（元）

销售毛利率 =（销售毛利 ÷ 销售收入）×100% =（165 200÷366 400）×100% ≈45.09%

销售利润率 =（利润总额 ÷ 销售收入）×100%=（132 000÷366 400）×100% ≈36.03%

投资回报率 =（利润总额 ÷ 投资总额）×100%=（132 000÷200 000）×100% ≈66.00%

步骤 2：计算比较相对指标。

$$与 A 店销售毛利率的比较相对指标 = \frac{45.09\%}{68\%} \approx 0.66$$

$$与 A 店销售利润率的比较相对指标 = \frac{36.03\%}{55\%} \approx 0.66$$

步骤 3：分析盈利能力。

结合以上数据进行内部分析得出，零度奶茶店每 100 元的销售收入可以产生 45.09 元的销售毛利和 36.03 元的利润；对投资者而言，每 100 元的投资额可以带来 66 元的投资收益。

步骤 4：与 A 店进行对比分析。

与竞争对手进行对比分析得出，零度奶茶店的销售毛利率是 A 店的 0.66 倍，销售利润率也是 A 店的 0.66 倍。可以看出，A 店产品的获利能力更强，更具竞争优势；零度奶茶店产品的盈利水平与 A 店存在较大差距。管理者可以通过降低人力成本、店铺租金等费用，加强内控，节约开支，提升盈利能力。

（七）动态相对指标

动态相对指标将在模块五时间序列分析中进行讲解，本任务不做赘述。

技能提升

在 Excel 办公软件中，可使用 ROUND 函数解决计算结果尾数差异的问题。

1. 认识 ROUND 函数

ROUND 函数参数对话框见图 4–6。

Excel 操作技能：ROUND

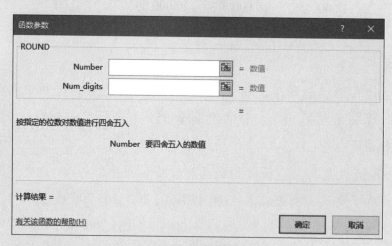

图 4–6　ROUND 函数参数对话框

（1）ROUND 函数功能：将数值四舍五入到指定的位数。

（2）表达式：ROUND（number，num_digits）

（3）语法格式：ROUND（数值，位数）

2. 操作步骤

（1）计算第一季度销售额计划完成程度和计划执行进度相对指标。

① 打开技能提升素材文件夹中的"任务 4.2"工作簿，"活动 4.2.1"工作表。

② 单击选择 H3 单元格，输入公式"=ROUND（E3/F3，4）"，按回车键，显示结果为"133.33%"，见图 4-7。

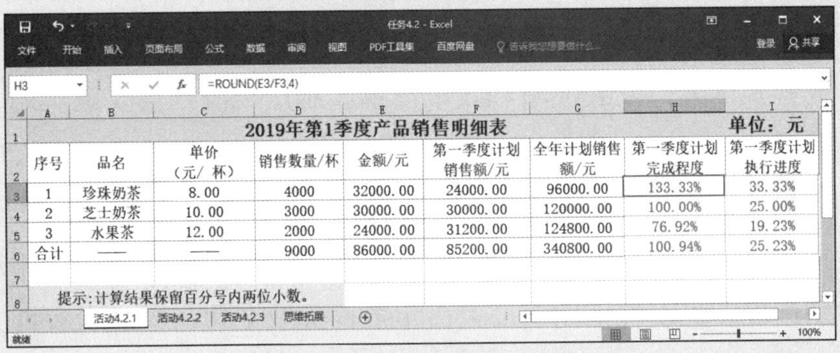

图 4-7　第一季度计划完成程度

③ 单击选择 H3 单元格，当鼠标变成填充柄后，将公式往下复制至 H6 单元格。

④ 单击选择 I3 单元格，输入公式"=ROUND（E3/G3，4）"，按回车键，显示结果为"33.33%"。

⑤ 单击选择 I3 单元格，当鼠标变成填充柄后，将公式往下复制至 I6 单元格。

（2）分析第一季度销售额的构成情况。

① 打开技能提升素材文件夹中的"任务 4.2"工作簿，"活动 4.2.2"工作表。

② 单击选择 H3 单元格，输入公式"=ROUND（E3/$E$6，4）"，按回车键，显示结果为"37.21%"。

③ 单击选择 H3 单元格，当鼠标变成填充柄后，将公式向下复制至 H6 单元格，显示结果为"100%"。

④ 单击选择 H5 单元格，输入公式"=1-H3-H4"，按回车键，显示结果为"27.91%"，见图 4-8。

图 4-8　第一季度产品销售额占比

⑤ 活动 4.2.3 与活动 4.2.1 的操作方法类似，故不再赘述。

根据《中华人民共和国统计法》和《全国人口普查条例》，我国以 2020 年 11 月 1 日零时为标准时点开展了第七次全国人口普查，主要目的是全面查清我国人口数量、结构、分布等方面情况，为完善我国人口发展战略和政策体系、制定经济社会发展规划、推动高质量发展提供准确统计信息支持。2021 年 5 月 11 日，国家统计局公布了第七次人口普查的主要数据结果。表 4–10 是从《第七次全国人口普查公报》（第一、四、五、六号）中摘取的关于总人口、人口性别构成、年龄构成及人口受教育程度的部分数据。请运用相对指标对人口增长情况、人口性别构成、男女性别比例、人口年龄构成及变化、受教育程度人数占比及变化等数据进行计算和分析。

表 4–10　第七次人口普查统计数据表　　　　　单位：人

普查项目	普查年份	
	2010 年	2020 年
一、全国人口数		
普查登记的 31 个省、自治区、直辖市（不含港澳台）人口和现役军人	1 339 724 852	1 411 778 724
二、性别构成		
男性：	686 852 572	723 339 956
女性：	652 872 280	688 438 768
三、年龄构成		
0~14 岁：	222 459 737	253 383 938
15~59 岁：	939 616 410	894 376 020
60 岁及以上：	177 648 705	264 018 766
（其中，65 岁及以上）：	118 831 709	190 635 280
四、各地区每 10 万人口中拥有的各类受教育程度人数		
大学（大专及以上）：	8 930	15 467
高中（含中专）：	14 032	15 088
初中：	38 788	34 507
小学：	26 779	24 767

自我检测

一、单选题（共 5 题，每题 5 分，共 25 分）

1. 某建设施工队盖一栋大楼，计划 320 天完成，实际 290 天就完成了，若求计划完成程度，则下列选项正确的是（　　　）。

   A. 计划完成程度为 90.63%，没完成计划

   B. 计划完成程度为 90.63%，超额 9.37% 完成了计划

   C. 计划完成程度为 110.34%，完成了计划

   D. 计划完成程度为 110.34%，超额 10.34% 完成计划

2. 某企业 2020 年工业总产值计划任务为 2 500 万元，实际完成 2 850 万元，则计划完成程度为（　　　）。

   A. 114%　　　　B. 14%　　　　C. 88.72%　　　　D. 11.28%

3. 某企业计划规定单位产品成本降低 2%，实际降低 7%，则其单位成本计划完成程度为（　　　）。

   A. 102.3%　　　　B. 94%　　　　C. 140%　　　　D. 94.9%

4. 某地区人口密度属于（　　　）。

   A. 结构相对指标　　B. 比较相对指标　　C. 动态相对指标　　D. 强度相对指标

5. 恩格尔系数是指食品支出总额占个人消费支出总额的比重，属于（　　　）。

   A. 比例相对指标　　B. 比较相对指标　　C. 强度相对指标　　D. 结构相对指标

二、多选题（共 6 题，每题 5 分，共 30 分）

1. 下列指标中，属于相对指标的有（　　　）。

   A. 计划完成程度相对指标　　　　　　B. 比较相对指标

   C. 动态相对指标　　　　　　　　　　D. 结构相对指标

   E. 强度相对指标

2. 某地区居民消费总支出为 80 120.5 亿元，其中农村居民消费支出 21 114.9 亿元，城镇居民消费支出 59 005.6 亿元。若求结构相对指标，则下列选项中正确的有（　　　）。

   A. 总体中某部分数值 / 总体中的另一部分数值

   B. 不同总体中某部分数值 / 不同总体中的另一部分数值

   C. 总体中的某部分数值 / 总体全部数值

   D. 21 114.9∶59 005.6

   E. 21 114.9∶80 120.5

3. 2020 年末某市人口数为 20 万人，零售商业机构 600 家，以下表述正确的有（　　　）。

   A. 零售商业密度属于强度相对指标

B. 600 家 /200 千人，说明该市居民每千人中有 3 家零售网点为他们服务

C. 200 000 人 /600 家，说明每 333 人拥有一家零售网点

D. 零售商业网密度可以计算正指标和逆指标

4. ABC 分类法又称巴雷特分析法，是把企业的物资按其金额大小划分为 A、B、C 三类，然后根据重要性分别对待。A 类物资是指品种少、实物量少而价值高的物资，其成本金额约占 70%，而实物量不超过 20%。C 类物资是指品种多、实物量多而价值低的物资，其成本金额约占 10%，而实物量不低于 50%。B 类物资介于 A 类、C 类物资之间。其成本金额约占 20%，而实物量不超过 30%。使用 ABC 分类法可以分清主次、抓住重点、区别对待，使存货控制更方便有效。ABC 分类法运用的是以下哪些指标？（　　　　　）

A. 总量指标与平均指标　　　　　B. 总量指标与相对指标

C. 动态相对指标　　　　　　　　D. 结构相对指标

E. 强度相对指标

5. 下列指标中，属于相对指标的有（　　　　　）。

A. 2020 年某地区国民生产总值占全国比重为 10.87%

B. 2020 年末某地区常住人口为 2 069.3 万人

C. 2020 年 A 地区人均收入是 B 地区人均收入的 1.5 倍

D. 2020 年末某地区卫生机构密度为 350 人 / 家

6. 存货周转率 =360/ 存货周转天数，以下哪些说法是正确的？（　　　　　）

A. 存货周转率是反映存货周转快慢程度的一个指标，反映的是企业某一段时间的库存控制水平

B. 存货周转率是衡量和评价企业购入存货、投入生产、销售收回等各环节管理状况的综合性指标

C. 一般来讲，存货周转速度越快，存货的占用水平越低，流动性越强，存货转换为现金或应收账款的速度越快。因此，提高存货周转率可以提高企业的变现能力

D. 存货周转率是强度相对指标

E. 存货周转率是比例相对指标

三、判断题（共 5 题，每题 5 分，共 25 分）

（　　）1. 两个指标的经济内容、统计范围、计算方式、计算价格以及计算单位等方面具有可比性，才能计算相对指标。

（　　）2. 相对指标必须是同类现象的指标相比。

（　　）3. 相对指标也称作统计相对数，是指将两个有联系的统计指标进行对比所得的比率或比值，用来描述相关数量之间的相对水平或程度。

（　　）4. 结构相对指标是反映总体内部各组成部分的分配比重及其变化情况，而比例相对指标是反映总体中不同部分之间的数量关系。

（ ）5. 强度相对指标有正、逆指标之分，正指标数值越大，说明现象强度、密度越小；逆指标数值越大，说明现象强度、密度越大。

四、综合分析题（共 20 分）

某电商企业 2020 年各季度线上销售数据见表 4-11，请参照公式计算该企业 2020 年市场推广及销售指标（包括目标任务达成率、市场占有率、注册转化率、订单转化率、订单退货率，销售毛利率），辨别以上指标属于哪种相对指标，并分析企业运营推广及销售运行情况。

表 4-11 某电商企业 2020 年各季度线上销售数据

指标	第一季度	第二季度	第三季度	第四季度	合计
实际销售量 / 件	1 100	1 300	1 420	1 600	
实际销售额 / 万元	9.35	11.05	12.07	13.60	
年度计划销售额 / 万元	8.50	10.20	11.05	12.75	
行业销售额 / 万元	126	245	315	396	
实际销售成本 / 万元	3.85	4.55	4.97	5.60	
新增注册客户数 / 个	260	110	90	350	
新增访客总数 / 个	310	260	300	450	
访客数 / 个	3 200	4 900	5 200	6 900	
有效订单数 / 个	820	1 250	1 400	1 500	
退货数量 / 件	128	150	165	105	

知识储备：

企业市场占有率 = 企业销售量（额）÷ 行业销售量（额）×100%

注册转化率 =（新增注册客户数 ÷ 新访客总数）×100%

订单转化率 =（有效订单数 ÷ 访客数）×100%

订单退货率 =（退货数量 ÷ 同期产品成交总数量）×100%

任务 4.3　平均指标分析与应用

 **学习目标**

- 能陈述平均指标的概念。
- 能描述平均指标的作用。
- 会算术平均数和调和平均数的计算方法。
- 能运用平均指标描述数据的集中趋势，分析总体现象的一般水平。
- 培养数据分析思维。
- 提升企业经营管理意识。

 **职业情景**

　　零度奶茶店的两个合伙人正在就如何提高客单价进行激烈的讨论。除了客单价，还有平均客流量、平均购买次数、平均销售价格等指标。这些指标对企业而言，都是非常重要的平均数。

 **知行联动**

一、平均指标的概念

　　平均指标又称为平均数，是将总体各单位标志值的差异抽象化，反映总体在具体条件下各单位标志值达到的一般水平，用以描述数据分布的集中趋势。例如，商品的平均价格、职工的平均工资、粮食的平均产量等指标，分别代表各自所反映总体现象的一般水平。

数据解读

国家统计局发布的数据显示：2020 年国内生产总值为 1 015 986 亿元人民币，比上年增长 2.3%，预计全年人均国内生产总值为 72 447 元，比上年增长 2.0%；全国城镇非私营单位就业人员年平均工资为 97 379 元，比上年增长 7.6%；城镇私营单位就业人员年平均工资为 57 727 元，比上年增长 7.7%……以上数据反映出党中央、国务院统筹疫情防控和经济社会发展取得巨大成效。

其中，人均国内生产总值虽然用了"人均"这个字眼，但它并不是平均指标，而是强度相对指标。因为，平均指标是同一总体的某一标志总量与总体单位总量的对比，即要求对比的指标具有对应关系。人均国内生产总值＝总产出（即国内生产总值）/总人口，但因为不是所有人都提供了可计入国内生产总值的价值，所以人均国内生产总值不属于平均指标；而职工平均工资＝报告期职工工资总额/报告期职工平均人数，因为职工的工资总额构成了总体标志总量，职工总人数构成了总体单位总量，职工人数与职工工资总额间存在对应关系。所以，职工平均工资是平均指标，反映报告期内单位发放工资的人均水平。

二、平均指标的种类和计算方法

平均数按照计算方法、表现形式和作用的不同，可分为位置平均数和数值平均数两大类。位置平均数是根据处于特殊位置上的标志值来确定和计算的平均数，即众数和中位数。众数和中位数不受总体中极端值的影响。当数据分布偏斜度较大时，位置平均数的代表性会比数值平均数好。位置平均数的计算方法在模块三中已介绍，故本任务中只介绍数值平均数的计算方法。

数值平均数是根据变量分布数列的全部变量值计算的平均数，用以反映变量分布数列的各项数值的平均水平。分布数列中任何一项数据的变动，都会在一定程度上影响数值平均数的计算结果。

由于计算方法不同，数值平均数又分为算术平均数、调和平均数和几何平均数。

（一）算术平均数

在社会经济统计中，算术平均数（也称为均值）是计算平均指标最常用的方法和最基本的形式，是在总量指标基础上计算出来的。

算术平均数是总体各单位的标志总量除以总体单位数得出的数值，即同一总体内的标志总量与总体总量之比，反映社会经济现象的一般水平。其计算公式为：

$$算术平均数 = \frac{总体标志总量}{总体单位数}$$

算术平均数依据计算方法不同，又分为简单算术平均数和加权算术平均数。

1. 简单算术平均数

简单算术平均数是通过将总体各个单位的标志值相加除以总体单位数求得。如果用字母表示，其计算公式为：

$$\overline{X} = \frac{x_1 + x_2 + x_3 + \cdots + x_n}{n} = \frac{\sum\limits_{i=1}^{n} x_i}{n}$$

式中：$\overline{X}$ 为算术平均数；x_i 为总体各单位标志值；n 为总体单位数；$\sum$ 为加总符号（希腊字母，读作 sigema）。

简单算术平均数的特点是各变量值出现的次数相同，如果变量值出现的次数不同，就需要计算加权算术平均数。

活动 4.3.1

◎**活动描述**

零度奶茶店于 2020 年 1 月初在线上开设门店，2020 年第一季度线上成交客户总数为 432 人，三种商品的线上销售数据见表 4-12。

表 4-12　2020 年第一季度产品线上销售数据明细表

序号	品名	单价 / 元	销售数量 / 杯	金额 / 元
1	珍珠奶茶	8.00	611	4 888.00
2	芝士奶茶	10.00	436	4 360.00
3	水果茶	12.00	132	1 584.00
合计	—	—	1 179	10 832.00

◎**活动要求**

请帮助销售人员计算并分析 2020 年第一季度产品线上销售的客单价和件单价。

◎**活动实施**

步骤 1：计算客单价和件单价。

$$第一季度客单价 = \frac{第一季度销售额}{第一季度成交客户总数} = \frac{10\ 832}{432} = 25.07（元）$$

$$第一季度件单价 = \frac{第一季度销售额}{第一季度销售数量} = \frac{10\ 832}{1\ 179} = 9.19（元）$$

步骤 2：分析客单价和件单价。

2020 年第一季度每位客户平均线上消费金额为 25.07 元，平均每件产品的线上成交单价为 9.19 元。

销售额是由客单价和顾客数（客流量）所决定的，因此，要提升销售额，除了尽可能多地吸引进店客流、增加顾客交易次数以外，提高客单价也是一种非常重要的途径。企业可以尝试派送满减型店铺优惠券、使用搭配套餐、设置引流款 SKU（最小存货单位）+ 利润款 SKU 等方式提升客单价，增加销售额。

2. 加权算术平均数

加权算术平均数是在总体经过分组形成变量数列（包括单项数列和组距数列），有变量值和次数的情况下，将各组变量值分别与其次数相乘后加总求得标志总量，再除以总体单位数（即次数总和）而求得。其中，次数又称为频数或权数。

（1）根据单项变量分布数列计算加权算术平均数时，计算公式有两种。

①用权数 f 计算时：

$$\overline{X} = \frac{x_1 f_1 + x_2 f_2 + x_3 f_3 + \cdots + x_n f_n}{f_1 + f_2 + f_3 + \cdots + f_n} = \frac{\sum\limits_{i=1}^{n} x_i f_i}{\sum\limits_{i=1}^{n} f_i}$$

式中：$\overline{X}$ 为算术平均数；

x_i 为第 i 组的标志值或各组的组中值；

f_i 为第 i 组的变量值出现的次数，即权数；

$\sum$ 为加总符号。

②用频率或比重（$f / \sum f$）计算时：

$$\overline{x} = \sum_{i=1}^{n} \left(x_i \cdot \frac{f_i}{\sum\limits_{i=1}^{n} f_i} \right) = x_1 \cdot \frac{f_1}{\sum f} + x_2 \cdot \frac{f_2}{\sum f} + \cdots + x_n \cdot \frac{f_n}{\sum f}$$

通过观察可以发现，以分组数据计算加权算术平均数时，其数值的大小受两个因素的影响：一个是各组变量值 x；另一个是各组变量值出现的次数，即频数 f。

当各组变量值 x 不变时，各组变量值出现的次数 f，对于加权算术平均数 $\overline{x}$ 的大小起着权衡轻重的作用，加权算术平均数 $\overline{x}$ 总是趋向于出现次数最多的那个变量值。由此可见，权数是影响平均水平高低的总体结构因素。

活动 4.3.2

◎**活动描述**

月末，小远需要统计奶茶店的各项成本和费用，如材料费、人工费、水电费、店铺租金等，以便正确地核算利润。其中，发出材料成本的计算相对复杂，通常使用加权平均指标帮助解决。

◎**活动要求**

2020 年 4 月份原材料库存数据见表 4–13。请帮助小远计算 4 月份各种原材料的加权平均单价，并根据发出材料数量和加权平均单价计算发出材料的总成本。

表 4–13 2020 年 4 月份原材料库存数据明细表

序号	品名	期初结存			本期购进			期末结存		
		数量/千克	单价/元	金额/元	数量/千克	单价/元	金额/元	数量/千克	单价/元	金额/元
1	奶粉	10	50.00	500.00	30	60.00	1 800.00	12		
2	芝士粉	5	110.00	550.00	20	120.00	2 400.00	6		
3	珍珠	2	22.00	44.00	10	20.00	200.00	3		
4	砂糖	3	14.00	42.00	30	15.00	450.00	4		
5	合计			1 136.00			4 850.00			

◎**活动实施**

步骤 1：计算加权平均单价。

原材料的平均单价受单价和数量两个因素影响，单价为变量 x，数量为权数 f。所以，期初结存单价为 x_1，期初数量为 f_1，本期购进单价为 x_2，本期购进数量为 f_2。

$$奶粉的加权平均单价 = \frac{x_1 f_1 + x_2 f_2}{f_1 + f_2} = \frac{50 \times 10 + 60 \times 30}{10 + 30} = 57.50（元）$$

芝士粉、珍珠和砂糖的加权平均单价分别为 118 元、20.33 元和 14.91 元，计算过程略。

步骤 2：计算发出材料成本。

奶粉发出成本 = 发出数量 × 加权平均单价 =（10+30–12）×57.5=1 610.00（元）

芝士粉、珍珠和砂糖的本月发出成本分别为 2 242 元、182.97 元和 432.39 元，故本月发出材料总成本为 4 467.36 元。

分析：在企业的生产经营过程中，原材料是一项重要的流动资产，材料消耗成本对企业利润有着直接影响。正确合理的成本控制可以帮助企业合理定价、严格控制和管理产品生产的每一个环节，杜绝成本流失和浪费，提升企业管理水平和经济效益。

（2）根据组距变量分布数列计算加权算术平均数。如果掌握的是组距数列的资料，则计算加权算术平均数的方法是：①先计算各组的组中值，用组中值代表变量值 x；②用频数（f）或频率（$f/\sum f$）作为权数，代入公式，则可得加权算术平均数。

在加权算术平均数的计算中，应当以各组的组平均数乘以相应的频数计算各组的变量值总量。在组距变量数列中，由于缺乏组平均数资料，是以各组的组中值作为组平均数的代表值来计算各组的变量值总量的。这样的变通处理方法是假定各组变量值在组内的分布是完全均匀的，因此，其计算结果只能是一个近似值。

活动 4.3.3

◎**活动描述**

零度奶茶店准备对线上运营数据进行统计分析，其中销售数据见表 4–14。

表 4–14　2020 年线上销售数据明细表

序号	购买次数 / 次	组中值 x / 次	人数 f / 人	频率 $f/\sum f$	购买次数合计 xf / 人次
1	1~10	5.5	495	0.546	2 722.5
2	10~20	15.0	236	0.260	3 540
3	20~30	25.0	107	0.118	2 675
4	30 以上	35.0	69	0.076	2 415
合计			907	1.00	11 352.5

◎**活动要求**

请帮助小辉计算并分析客户平均购买次数。

◎**活动实施**

步骤 1：

因以上数据构成组距变量分布数列，在计算加权平均单价时需先计算组中值。

第一组至第四组的组中值分别为 5.5、15.0、25.0 和 35.0。

步骤 2：

计算客户平均购买次数（加权算术平均数），有两种计算方法：

第一种方法：

$$\overline{X} = \frac{x_1 f_1 + x_2 f_2 + x_3 f_3 + \cdots + x_n f_n}{f_1 + f_2 + f_3 + \cdots + f_n} = \frac{5.5 \times 495 + 15 \times 236 + 25 \times 107 + 35 \times 69}{907} = \frac{11\,352.5}{907} \approx 13 \text{（次）}$$

第二种方法：

$$\overline{x} = \sum_{i=1}^{n}\left(x_i \cdot \frac{f_i}{\sum_{i=1}^{n} f_i}\right) = 5.5 \times 0.546 + 15.0 \times 0.26 + 25.0 \times 0.118 + 35.0 \times 0.076 \approx 13 \text{（次）}$$

步骤3：

分析：2020年线上客户平均购买次数为13次，即平均每位客户一个月会进店消费1次以上。客户购买次数直接影响营业收入。企业可通过网店促销、改善产品和服务质量、建立会员制管理及销售等多种手段提升客户满意度和忠诚度，提升企业营业利润，实现长远发展。

简单算术平均数与加权算术平均数的联系为：如果各个数值的权数相同，加权算术平均数就是简单算术平均数，可以看出简单算术平均数实质上是一种特殊情况（权数相同）下的加权算术平均数。

两者的区别是：简单算术平均数是指一组数据的和除以数据个数，每个数据在数列中只出现一次；加权算术平均数则是指在实际问题中，一组数据的"重要程度"未必相同，即各个数据可能出现多次，因而它们的权数对平均数的影响作用不同，在计算时与简单算术平均数不一样。

（二）调和平均数

调和平均数是总体各单位标志值倒数的算数平均数的倒数，也称倒数平均数。调和平均数分为简单调和平均数和加权调和平均数。

简单调和平均数是先计算总体各单位标志值倒数的简单算术平均数，然后求其倒数。其计算公式为：

$$H=\frac{n}{\dfrac{1}{x_1}+\dfrac{1}{x_2}+\cdots+\dfrac{1}{x_n}}=\frac{n}{\sum\dfrac{1}{x}}$$

式中：H 为调和平均数；

　　　x 为总体各单位标志值；

　　　n 为总体单位数。

加权调和平均数是先计算总体各单位标志值倒数的加权算术平均数，然后求其倒数。其计算公式为：

$$H=\frac{m_1+m_2+\cdots+m_n}{\dfrac{m_1}{x_1}+\dfrac{m_2}{x_2}+\cdots+\dfrac{m_n}{x_n}}=\frac{\sum m}{\sum\dfrac{m}{x}}$$

式中：H 为调和平均数；

　　　m 为权数（各组的标志总量）；

　　　x 为各组的标志值水平。

活动 4.3.4

◎活动描述

零度奶茶店在 A、B、C 三个地区均设有门店，且因促销活动不同，奶茶的平均单价具有差异性。2020 年受疫情影响，各门店线下销售额减少，但线上销售额增长迅速，区域线上销售数据见表 4-15。

表 4-15　2020 年奶域线上销售数据表

地区	平均单价 x / 元	线上销售额 m / 元	线上销售量 $\dfrac{m}{x}$ / 杯
A	10.00	205 600.00	
B	12.00	78 000.00	
C	8.00	82 800.00	
合计		366 400.00	

◎活动要求

请帮助小辉计算三个地区奶茶的线上平均销售价格。

◎活动实施

步骤 1：确定变量 x 和各组标志总量 m。奶茶平均单价为变量 x，因为各组线上销售额 = 线上销售量 × 平均单价，故线上销售额为各组的标志总量 m。

步骤 2：计算线上销售量（m/x）。A、B、C 三个地区的线上销售量（m/x）= 线上销售额 ÷ 平均单价，销售量分别为 20 560 杯、6 500 杯和 10 350 杯。

步骤 3：

$$\text{线上平均销售价格 } H = \frac{\sum m}{\sum \dfrac{m}{x}} = \frac{205\,600 + 78\,000 + 82\,800}{\dfrac{205\,600}{10} + \dfrac{78\,000}{12} + \dfrac{82\,800}{8.00}} = \frac{366\,400}{37\,410} \approx 9.79\,(\text{元})$$

分析：价格通常是影响交易成败的重要因素，同时又是市场营销组合中最难以确定的因素。企业既要考虑成本的补偿，又要考虑消费者对价格的接受能力，从而使定价策略具有买卖双方双向决策的特征。所以，企业应制定科学合理的定价策略，并根据市场结构、市场供求、消费者心理及竞争状况等因素做出判断与选择，以求实现利润最大化。

（三）几何平均数

由于几何平均数应用范围较窄，主要用于计算平均发展速度，属于动态平均数（模块五中会介绍），此处不做讲解。

统计研究发现大多数情况下，数据都会呈现出一种钟形分布（见图4-9），即各个变量值与中间位置的距离越近，出现的次数越多；与中间位置距离越远，出现的次数越少，从而形成了一种以中间值为中心的集中趋势。这个集中趋势是现象共性的特征，也是现象规律性的数量表现。数值平均数正是用于描述数据集中趋势且应用最为广泛的指标。

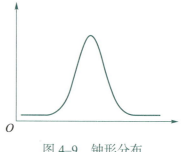

图 4-9　钟形分布

当数据呈对称分布或接近对称分布时，数值平均数、中位数和众数会相等或接近相等，通常选择数值平均数作为集中趋势的代表值。但当数据分布偏斜度较大时，数值平均数易受极端值影响。此时，位置平均数的代表性反而会比数值平均数好。一般情况下，中位数适宜作为顺序数据的集中趋势测度值，而众数则适宜作为分类数据的集中趋势测度值。

技能提升

在 Excel 办公软件中，可借助 AVERAGE 函数和 SUMPRODUCT 函数计算简单算术平均数和加权算术平均数。

Excel操作技能：AVERAGE 和 SUMPRODUCT

1. 使用 AVERAGE 函数计算 2020 年月平均销售额

AVERAGE 函数参数对话框见图 4-10。

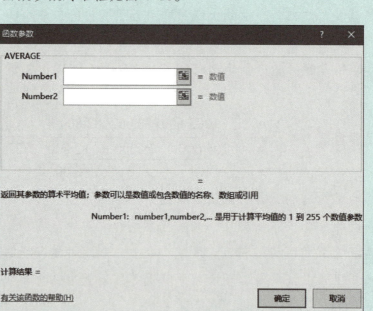

图 4-10　AVERAGE 函数参数对话框

（1）函数功能：计算总体数据的简单算术平均数。

（2）表达式：AVERAGE（number1，[number2]，…）

（3）语法格式：AVERAGE（计算平均数的第一个值，第二个值，…）

（4）操作步骤：

①打开技能提升素材文件夹中的"任务 4.3"工作簿，"AVERAGE 计算简单算术平均数"工作表。

②单击选择 D16 单元格，输入公式"=ROUND（AVERAGE（B3：C14），2）"，按回车键，显示月平均销售额为 44 616.67 元，见图 4-11。

图 4-11　AVERAGE 函数计算简单算术平均数

2. 借助 SUMPRODUCT 函数计算销售额，再计算客单价和件单价

SUMPRODUCT 函数参数对话框见图 4-12。

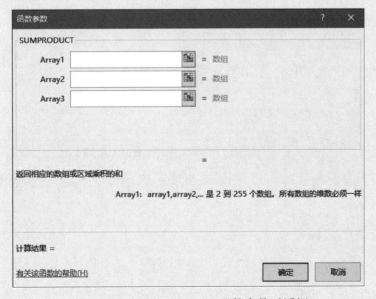

图 4-12　SUMPRODUCT 函数参数对话框

（1）函数功能：将给定的数组按照对应关系相乘，并返回所有乘积的和。

（2）表达式：=SUMPRODUCT（array1，[array2]，[array3]，…）

（3）语法格式：SUMPRODUCT（数组1，数组2，…）

（4）操作步骤：

①打开技能提升素材文件夹中的"任务4.3"工作簿，"活动4.3.1"工作表。

②单击选择E7单元格，输入公式"=SUMPRODUCT（C4：C6，D4：D6）"，按回车键，显示合计金额为"10 832.00"元，见图4-13。

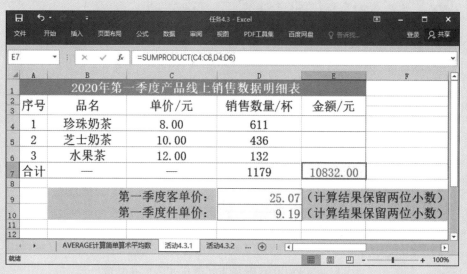

图4-13　SUMPRODUCT函数计算销售金额

③单击选择D9单元格，输入公式"=ROUND（E7/H7，2）"，按回车键，显示客单价计算结果为"25.07"元/人。

④单击选择D10单元格，输入公式"=ROUND（E7/D7，2）"，按回车键，显示件单价计算结果为"9.19"元/件。

3. 借助SUMPRODUCT函数计算加权平均法下发出材料成本

（1）参考公式：

$$加权平均单价 = \frac{期初结存材料成本 + 本期收入材料成本}{期初结存材料数量 + 本期收入材料数量}$$

$$发出材料成本 = 发出材料加权平均单价 \times 本期发出材料数量$$

（2）操作步骤：

①打开技能提升素材文件夹中的"任务4.3"工作簿，"活动4.3.2"工作表。

②单击选择J4单元格，输入公式"=ROUND（（E4+H4）/（C4+F4），2）"，按回车键，显示加权平均单价计算结果为57.50元，见图4-14。

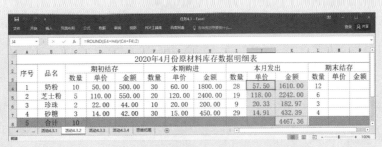

图 4-14 2020 年 4 月原材料加权平均单价

③单击选择 J4 单元格，当鼠标变成填充柄后，将公式向下复制至 J7 单元格。

④单击选择 K8 单元格，输入公式"=SUMPRODUCT（I4：I7，J4：J7）"，按回车键，显示发出材料成本合计金额为 4 467.36 元，见图 4-15。

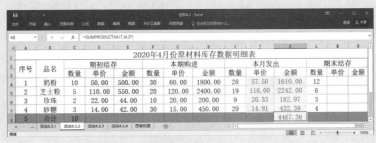

图 4-15 2020 年 4 月发出材料成本

4. 借助 SUMPRODUCT 函数计算平均购买次数

①打开技能提升素材文件夹中的"任务 4.3"工作簿，"活动 4.3.3"工作表。

②选中 F7 单元格，输入公式"=SUMPRODUCT（C3：C6，D3：D6）"，按回车键，显示购买次数合计为"11 352.5"，见图 4-16。

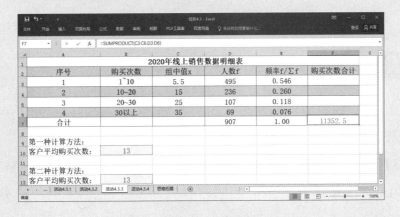

图 4-16 2020 年线上购买次数合计

③选中 B10 单元格，输入公式"=ROUND（F7/D7，0）"，按回车键，显示平均购买次数为"13"。

④选中 B13 单元格，输入公式"=ROUND（SUMPRODUCT（C3：C6，E3：E6），0）"，按回车键，显示平均购买次数同样为"13"。

5. 计算平均销售价格

（1）打开技能提升素材文件夹中的"任务 4.3"工作簿，"活动 4.3.4"工作表。

（2）计算销售量。选中 D3 单元格，输入公式"=C3/B3"，按回车键，显示 A 地区的销售量为"20 560"。

（3）选中 D3 单元格，当鼠标变成填充柄后，将公式向下复制至 D5 单元格。

（4）单击选中 D6 单元格，输入公式"=SUM（D3：D5）"，按回车键，显示销售量合计为"37 410"。

（5）单击选中 C8 单元格，输入公式"=ROUND（C6/D6，2）"，按回车键，显示线上平均销售价格为 9.79 元，见图 4-17。

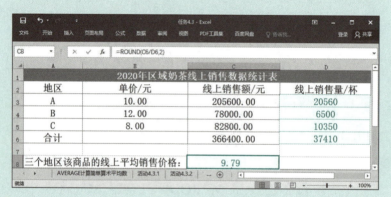

图 4-17　2020 年区域线上平均销售价格

思维拓展

2021 年 5 月 19 日，国家统计局发布"2020 年城镇非私营单位就业人员年平均工资"和"2020 年城镇私营单位就业人员年平均工资"。

2020 年，面对新冠肺炎疫情、世界经济深度衰退等多重严重冲击，各地区、各部门贯彻落实党中央、国务院决策部署，统筹推进疫情防控和经济社会发展，扎实做好"六稳"工作，全面落实"六保"任务，有序推进复工复产，经济增长由负转正并逐季加快，保障了全国城镇单位就业人员平均工资稳步增长。

2020 年全国城镇非私营单位就业人员年平均工资为 97 379 元，比上年增长 7.6%，增速比上年回落 2.2 个百分点，扣除价格因素实际增长 5.2%；城镇私营单位就业人员年平均工资为 57 727 元，比上年增长 7.7%，增速比上年回落 0.4 个百分点，扣除价格因素实际增长 5.3%。

城镇非私营单位就业人员平均工资增速为 1984 年以来最低点。城镇私营单位就业人员平均工资增速回落至 2009 年有统计以来的第二低点。

分四大区域看，城镇私营单位就业人员年平均工资由高到低依次是东部、西部、中部和东北地区，分别为 63 601 元、50 510 元、48 861 元和 43 928 元，比上年分别增长 6.9%、8.0%、11.2% 和 10.2%。

分行业门类看，城镇私营单位就业人员年平均工资数据见表 4–16。

表 4–16　城镇私营单位就业人员年平均工资数据

行　业	2020 年 / 元	2019 年 / 元	增长速度 /%
合　计	57 727	53 604	7.7
农、林、牧、渔业	38 956	37 760	3.2
采矿业	54 563	49 675	9.8
制造业	57 910	52 858	9.6
电力、热力、燃气及水生产和供应业	54 268	49 633	9.3
水利、环境和公共设施管理业	43 287	44 444	−2.6
建筑业	57 309	54 167	5.8
批发和零售业	53 018	48 722	8.8
交通运输、仓储和邮政业	57 313	54 006	6.1
住宿和餐饮业	42 258	42 424	−0.4
信息传输、软件和信息技术服务业	101 281	85 301	18.7
金融业	82 930	76 107	9.0
房地产业	55 759	54 416	2.5
租赁和商务服务业	58 155	57 248	1.6
科学研究和技术服务业	72 233	67 642	6.8
居民服务、修理和其他服务业	44 536	43 926	1.4
教育	48 443	50 761	−4.6
卫生和社会工作	60 689	57 140	6.2
文化、体育和娱乐业	51 300	49 289	4.1

从城镇私营单位来看，大多是中小企业，受疫情冲击较大。但由于党中央、国务院出台一系列政策措施加大对中小微企业的支持，通过阶段性大规模减税降费、增加定向贷款并降低利率水平、延期还本付息、发放稳岗返还资金、发放就业补贴、减免社保费用等助力中小微企业纾困发展，有效对冲了疫情影响，保障了城镇私营单位平均工资的稳定增长。

请阅读以上内容并分析：2020 年全国城镇私营单位就业人员年平均工资最高的 3 个行业分别是哪几个？分别为全国平均水平的几倍？年平均工资最低的 3 个行业分别是哪几个？

分别为全国平均水平的多少？ 2020年全国城镇私营单位就业人员年平均工资（按行业划分）是如何计算的？在这份报告的数据中，就业人员平均工资代表了大部分人员工资的一般水平吗？

自我检测

一、单选题（共6题，每题5分，共30分）

1. 最常用、最基本的平均指标是（　　　）。

A. 算术平均数　　　　B. 几何平均数　　　　C. 中位数　　　　D. 总数

2. 平均数反映了（　　　）。

A. 总体分布的集中趋势　　　　　　B. 总体中总体单位分布的集中趋势

C. 总体分布的离散趋势　　　　　　D. 总体变动的趋势

3. 加权算术平均数的大小（　　　）。

A. 受各组次数 f 的影响最大　　　　B. 受各组标志值 x 的影响最大

C. 只受各组标志值 x 的影响　　　　D. 受各组次数 f 和各组标志值 x 的共同影响

4. 在变量数列中，如果标志值较小的一组的权数较大，则计算出来的加权算术平均数（　　　）。

A. 接近于标志值大的一方　　　　B. 接近于标志值小的一方

C. 不受权数的影响　　　　　　　D. 无法判断

5. 根据变量数列计算平均数时，在（　　　）的情况下，加权算术平均数等于简单算术平均数。

A. 各组次数递增　　　　　　　　B. 各组次数大致相等

C. 各组次数相等　　　　　　　　D. 各组次数不相等

6. 已知10家水果店苹果的单价和销售额，要求计算这10家水果店苹果的平均单价，应该采用（　　　）。

A. 简单算术平均法　　　　　　　B. 加权算术平均法

C. 加权调和平均法　　　　　　　D. 几何平均法

二、多选题（共5题，每题5分，共25分）

1. 在以下平均指标中，容易受极端值影响的平均数有（　　　　　）。

A. 算术平均数　　　　　　　　　B. 调和平均数

C. 中位数　　　　　　　　　　　D. 几何平均数

E. 众数

2. 位置平均数是根据标志值的位置来确定的，包括（　　　　）。

    A. 算术平均数　　　　　　　　　　B. 调和平均数

    C. 几何平均数　　　　　　　　　　D. 中位数

    E. 众数

3. 对于一组数值型数据，根据所有变量值计算的平均数，称为数值平均数，包括（　　　　）。

    A. 算术平均数　　　　　　　　　　B. 调和平均数

    C. 几何平均数　　　　　　　　　　D. 中位数

    E. 众数

4. 分组数列计算加权算术平均数时，以下说法正确的有（　　　　）。

    A. 次数对平均数的大小起着权衡轻重的作用

    B. 次数又称为权数

    C. 次数可以用比重的形式表示

    D. 次数的总和等于 100

    E. 各组比重之和等于 100%

5. 一组数据：60，30，50，80，100，70，90，以下表述正确的有（　　　　）。

    A. 算术平均数是 68.57　　　　　　B. 中位数是 70

    C. 没有众数　　　　　　　　　　　D. 中位数是 80

    E. 众数是 7

三、判断题（共 5 题，每题 5 分，共 25 分）

（　　　）1. 在分组数列中，各组的次数 f 起着权衡各组变量值轻重的作用，某组的次数越大，对平均数的影响就越大。

（　　　）2. 简单算术平均数与加权算术平均数计算上的区别在于变量值出现的次数即权数的不同。

（　　　）3. 中位数和众数都属于平均数，因此它们数值的大小受总体内各单位标志值大小的影响。

（　　　）4. 用组中值代表组内标志的一般水平有一个假定条件，就是各组标志值在本组内呈均匀分布。

（　　　）5. 当数据分布偏斜度较大时，位置平均数的代表性比数值平均数好。

四、综合分析题（20 分）

某电商品牌新入职运营人员接到领导安排的任务，需要对部分运营数据进行计算分析，以便在后期报告中使用。

1. 根据客户满意度调查数据（见表 4–17），计算客户满意度平均得分。

表 4-17 某品牌 2020 年 6 月客户满意度调查统计表

序号	满意度	满意度赋值 / 分	人数 / 人
1	很满意	100	695
2	满意	80	1 526
3	基本满意	60	412
4	不太满意	30	273
5	不满意	0	94
合计			3 000

2. 根据 2021 年 6 月 18 日客户浏览时长数据（见表 4-18），计算客户的平均停留时间。

表 4-18 2021 年 6 月 18 日客户浏览时长统计表

序号	时长 / 分钟	人数 / 人
1	30 分钟以上	59
2	20~30	117
3	10~20	645
4	5~10	413
5	0~5	7 223
合计		8 457

任务 4.4 标志变异指标分析与应用

学习目标

- 会陈述标志变异指标的含义。
- 能描述标志变异指标的种类及作用。
- 能运用标志变异指标描述数据的离散程度，分析总体现象的稳定性及均衡性。
- 培养数据分析思维。
- 提升企业经营管理意识。

职业情景

知行联动

一、标志变异指标的概念

数据具有变异的天然特性，总是以不同程度偏离它们的分布中心。标志变异指标是反映数据之间差异程度的综合指标，用以测定总体各单位标志值的离散程度和离中趋势，又称标志变动程度。

数据的标志变动程度越高，说明该组数据的平均数代表性越弱，现象的稳定性和均衡性越弱；相反，数据的标志变动程度越低，说明该组数据的平均数代表性越强，现象的稳定性和均衡性越强。

数据解读

国家统计局发布的数据显示：2020 年全国城镇非私营单位就业人员年平均工资为 97 379 元，比上年增长 7.6%，城镇私营单位就业人员年平均工资为 57 727 元，比上年增长 7.7%。

平均工资公布后，网友们纷纷称自己"被平均"了。国家统计局对此进行了解释：①城镇单位就业人员平均工资是针对法人单位统计的，不包括个体工商户和自由职业者。②平均工资反映的是税前工资。因此，公布的平均工资比个人实际拿到的工资要高。③由于各单位所处行业、所在地区和经济效益不同，以及个人所属的岗位不同，工资水平有高有低。实际上，工资一般呈现正偏态分布，平均值往往高于一般水平，即大多数个体数据低于平均值。要更加准确地了解工资差距及变动情况，不仅要看总体平均数据，还要结合更详细的分地区、分行业、分岗位工资数据进行具体分析。

二、标志变异指标的计算方法

（一）极差

极差也称为全距，是总体单位中最大值与最小值之差，说明标志值变动的最大范围。它是描述数据离散程度最简单的测量值，其计算公式为：

$$\text{极差 } R = x_{\max} - x_{\min}$$

式中：$x_{\max}$ 为最大变量值；

$x_{\min}$ 为最小变量值。

如果是组距分布数列，极差等于最高值组的上限与最低值组的下限之差，其计算公式为：

$$\text{极差 } R = U_{\max} - L_{\min}$$

式中：$U_{\max}$ 为最高值组的上限；

$L_{\min}$ 为最低值组的下限。

（二）方差和标准差

方差和标准差都是测定标志变动程度的主要指标。方差是各标志值与算术平均数离差的平方和的算术平均数，而标准差则是方差的平方根。其计算公式为：

$$\sigma^2 = \frac{\sum (x - \bar{x})^2}{\sum n}$$

$$\sigma = \sqrt{\frac{\sum (x - \bar{x})^2}{\sum n}}$$

式中：σ^2 为方差；

σ 为标准差；$\bar{x}$ 为算术平均数；

x 为总体各单位标志值；

n 为总体单位数。

方差和标准差越大，说明标志变动程度越高，平均数的代表性就越弱；相反，方差和标准差越小，说明标志变动程度越低，平均数的代表性就越强。

极差与方差、标准差的相同之处在于：①都用于衡量一组数据的波动大小；②一组数据的极差、标准差和方差越小，这组数据的波动就越小，总体现象就越稳定。

两者的不同之处在于：①极差反映的仅仅是数据的变化范围；方差和标准差反映的是数据在它的平均数附近波动的情况。②极差的计算简单，只需用最大值减去最小值即可，而方差和标准差的计算相对复杂得多。

活动 4.4.1

◎**活动描述**

零度奶茶店共开设 A、B 两家分店，2020 年上半年 A、B 两家分店员工销售额数据见表 4-19。

表 4-19　2020 年上半年 A 店、B 店员工销售数据明细表　　　　单位：元

A 店销售数据		B 店销售数据	
工号	销售额 / 元	工号	销售额 / 元
1	22 320.00	1	16 600.00
2	13 458.00	2	10 846.00
3	9 165.00	3	5 600.00
4	4 681.00	4	3 560.00
5	5 327.00	5	4 230.00
合计	54 951.00	合计	40 836.00

◎**活动要求**

请分别计算 A 店、B 店员工的平均销售额、销售额极差、方差和标准差，并分析两家分店员工销售额数据的内部差异程度。

◎**活动实施**

步骤 1：计算 A、B 店员工的平均销售额。

$$A 店员工的平均销售额 = \frac{总体标志总量}{总体单位总量} = \frac{54\,951}{5} = 10\,990.20（元）$$

$$B 店员工的平均销售额 = \frac{总体标志总量}{总体单位总量} = \frac{40\,836}{5} = 8\,167.2（元）$$

步骤 2：计算 A、B 店员工的销售额极差。

A 店员工的销售额极差 = 最大变量值 − 最小变量值 = 17 639.00（元）

B 店员工的销售额极差 = 最大变量值 − 最小变量值 = 13 040.00（元）

步骤 3：计算 A、B 店员工销售额的方差和标准差。

A 店员工的销售额方差 $\sigma_A^2 = \dfrac{\sum(x - 10\,990.2)^2}{5} \approx 41\,932\,719.76$

B 店员工的销售额方差 $\sigma_B^2 = \dfrac{\sum(x - 8\,167.2)^2}{5} \approx 24\,321\,287.36$

A 店员工的销售额标准差 $\sigma_A = \sqrt{\dfrac{\sum(x - 10\,990.2)^2}{5}} \approx 6\,475.55$

B 店员工的销售额标准差 $\sigma_B = \sqrt{\dfrac{\sum(x - 8\,167.2)^2}{5}} \approx 4\,931.66$

分析：2020 年上半年 A 店员工平均销售额为 10 990.20 元，最高销售额与最低销售额的差距为 17 639 元；B 店员工平均销售额为 8 167.20 元，最高销售额与最低销售额的差距为 13 040 元。如果本活动中 A、B 两店员工的平均销售额相同，依据计算结果，A 店员工的销售额方差、标准差比 B 店大，可以得出结论：A 店员工的销售额数据内部差异比 B 店大，B 店员工的销售额平均数更具有代表性。但是因为 A、B 两店员工平均销售额的水平不同，故不能就此断言 A 店员工的销售额数据内部差异比 B 店大。此时需借助离散系数进行更深入、更全面的分析。

（三）离散系数

离散系数也称作变异系数，用于比较不同现象或不同水平总体标志值的差异程度高低及平均值代表性强弱。离散系数越大，说明平均值代表性越弱；离散系数越小，说明平均值代表性越强。其计算公式为：

$$\upsilon_\sigma = \frac{\sigma}{\bar{x}}$$

式中：υ_σ 为离散系数；

σ 为标准差；

$\bar{x}$ 为算术平均数。

活动 4.4.2

◎活动描述

零度奶茶店 A、B 两家分店 2020 年上半年员工销售额数据延用表 4-19。

◎**活动要求**

请分别计算 A 店、B 店的销售额离散系数，并比较两家分店的销售额数据内部差异程度和平均值代表性。

◎**活动实施**

步骤：

A 店的销售额离散系数 $\upsilon_\sigma = \dfrac{\sigma_A}{x_A} = \dfrac{6\,475.547\,8}{10\,990.2} \approx 0.59$

B 店的销售额离散系数 $\upsilon_\sigma = \dfrac{\sigma_B}{x_B} = \dfrac{4\,931.661\,7}{8\,167.2} \approx 0.60$

分析：A 店员工的销售额离散系数比 B 店小，故 A 店员工的销售额差异程度相对较低，其平均值较 B 店更具代表性。

技能提升

在对数据的离散程度进行分析时，除了运用 Excel 办公软件中的函数实现快速计算外，还可借助 Excel 办公软件的"数据分析"功能进行集中趋势、离散程度和变量分布情况等完整、全面的描述性统计分析。

Excel 操作技能：数据分析

1. 利用 STDEV.P 函数计算标准差

STDEV.P 函数参数对话框见图 4–18。

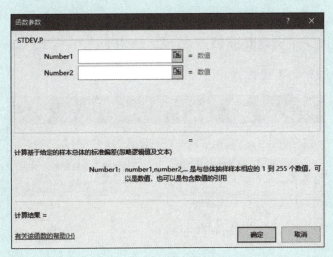

图 4–18　STDEV.P 函数参数对话框

（1）函数功能：计算总体数据的标准差。

（2）表达式：STDEV.P（number1，[number2]，…）

（3）语法格式：STDEV.P（总体的第一个值，总体的第二个值，…）

（4）操作步骤：

①打开技能提升素材文件夹中的“任务 4.4”工作簿，“活动 4.4”工作表。

②计算 A 店员工销售额的算术平均数。单击选择 C11 单元格，输入公式“=AVERAGE（C4 ：C8）”，按回车键，显示结果为“10990.20”，见图 4–19。

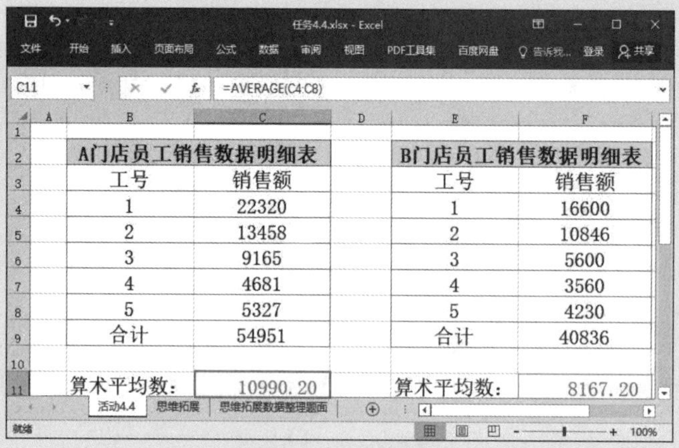

A门店员工销售数据明细表			B门店员工销售数据明细表	
工号	销售额		工号	销售额
1	22320		1	16600
2	13458		2	10846
3	9165		3	5600
4	4681		4	3560
5	5327		5	4230
合计	54951		合计	40836
算术平均数：	10990.20		算术平均数：	8167.20

图 4–19　A 店员工销售额的算术平均数

③计算极差。单击选择 C12 单元格，输入公式“=MAX（C4 ：C8）–MIN（C4 ：C8）”，按回车键，显示结果为“17639.00”。

④计算标准差。单击选择 C13 单元格，输入公式“=STDEVP（C4 ：C8）”，按回车键，显示结果为“6475.55”。

⑤计算方差。单击选择 C14 单元格，输入公式“=C13^2”，按回车键，显示结果为“41932719.76”。

⑥计算离散系数。单击选择 C15 单元格，输入公式“=C13/C11”，按回车键，显示结果为“0.59”，见图 4–20。

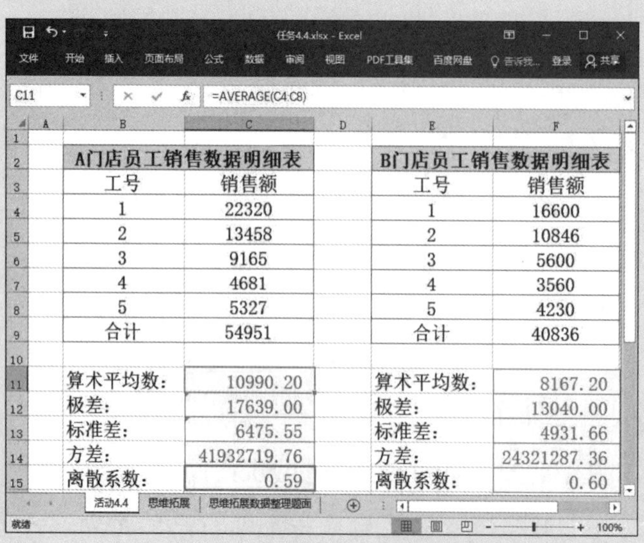

A门店员工销售数据明细表			B门店员工销售数据明细表	
工号	销售额		工号	销售额
1	22320		1	16600
2	13458		2	10846
3	9165		3	5600
4	4681		4	3560
5	5327		5	4230
合计	54951		合计	40836
算术平均数：	10990.20		算术平均数：	8167.20
极差：	17639.00		极差：	13040.00
标准差：	6475.55		标准差：	4931.66
方差：	41932719.76		方差：	24321287.36
离散系数：	0.59		离散系数：	0.60

图 4–20　A 店员工销售额的离散系数

⑦将单元格区域 C11∶C15 的公式复制至 F11∶F15，得到 B 店指标值的计算结果。

小提示：如果是求样本标准差，则需使用 STDEV.S 函数计算。

2.运用"数据分析"功能进行描述性统计分析

（1）认识"数据分析"功能。"数据分析"功能包括计算方差、协方差、相关系数分析、指数平滑分析、直方图绘制等。

（2）添加"数据分析"加载项。一般情况下，"数据分析"命令处于不可用的状态，需要用户加载，步骤如下：

①打开技能提升素材文件夹中的"任务 4.4"工作簿，单击"文件"选项卡，进入"文件"功能区；单击"选项"按钮，在弹出的 Excel 选项框中单击"加载项"按钮，在加载项对话框的最下方，找到"管理"功能区，在下拉列表中选择"Excel 加载项"，并单击"转到"按钮，如图 4-21 所示。

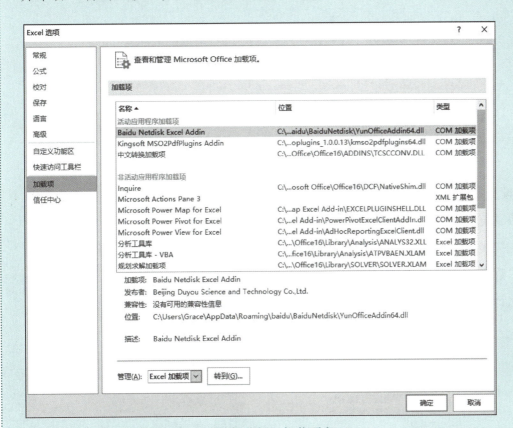

Excel 操作技能：数据分析在描述性统计分析中的应用

图 4-21　"数据分析"加载项窗口

②在"加载宏"对话框中选中"分析工具库"和"分析工具库 -VBA"复选框（见图 4-22），单击"确定"按钮，完成"数据分析"加载项的添加。

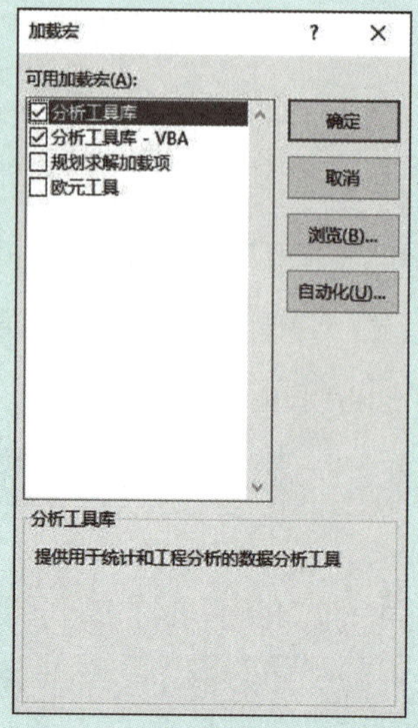

图 4–22 "加载宏"对话框

③ "数据分析"功能项位于 Excel "数据"选项卡的右上角，见图 4–23。

图 4–23 "数据分析"在功能区中的位置

（3）假设分别从 A、B 两家分店中，随机抽取其中 5 名业务员的销售数据进行统计，则可借助"统计分析"功能得到描述性统计分析结果数据。操作步骤如下：

① 打开技能提升素材文件夹中的"任务 4.4"工作簿，"活动 4.4"工作表。

② 单击"数据"选项卡中的"数据分析"按钮，在弹出的"数据分析"对话框中，选择"描述统计"，见图 4–24。

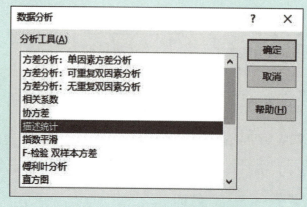

图 4–24 "数据分析"对话框

③在"描述统计"对话框中，单击"输入区域"空白栏，选择单元格区域
C3：C8。此时，输入区域显示"$C$3:$C$8"，表示需要分析的数据源区域为当前
工作表中单元格区域 C3：C8。

④分组方式选择"逐列"复选框，表示按列分组。

⑤选择"标志位于第一行"复选框。

⑥单击"输出区域"空白栏，选中当前工作表中 B18 单元格。此时，输出区域显
示"$B$18"。

⑦选择"汇总统计""平均数置信度"（默认值为 95%，表示总体均值有
95% 的可能性出现在计算出的区间中）、"第 K 大值"和"第 K 小值"（均默认为 1，
分别表示数据的第 1 位最大值和第 1 位最小值）复选框，见图 4–25。

图 4–25　"描述统计"对话框

⑧单击"确定"按钮。A 店员工销售额描述性统计结果见图 4–26。

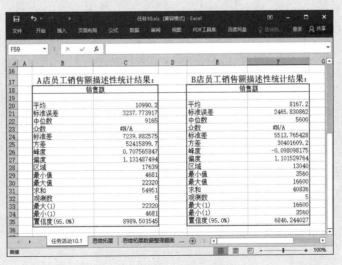

图 4–26　描述性统计结果

⑨B店员工销售额描述性统计步骤与上述方法相同，结果见图4-26。

小提示：请问此图中的标准差计算结果与图4-20中的计算结果相同吗？请思考原因。

（4）分析描述性统计数据。

在统计分析中，可用偏度和峰度这两种指标检查样本是否符合正态分布。理论上的正态分布曲线是一条中间高，两端逐渐下降且完全对称的钟形曲线。

偏度用来衡量样本分布的偏斜方向和程度。偏度为0表示对称；大于0表示向左偏移，长尾向右延伸，称为正偏态分布；小于0表示向右偏移，长尾向左延伸，称为负偏态分布，见图4-27。

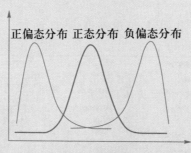

图4-27　偏度分布示意图

峰度用来衡量样本分布曲线的尖峰程度，峰度为0表示陡峭程度与正态分布相同；大于0表示比正态分布更高更窄，呈尖顶峰度；小于0表示比正态分布更低更宽，呈平顶峰度，见图4-28。

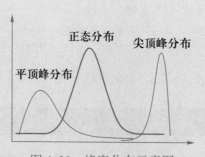

图4-28　峰度分布示意图

A店销售额数据偏度值和峰度值均大于0，说明数值分布呈尖顶峰偏正态分布；B店销售额数据偏度值大于0，峰度值小于0，说明数值分布呈平顶峰偏正态分布。通过对比以上数据，可知B店的销售数据相对于A店更接近于正态分布。

 思维拓展

　　某快递公司近期收到顾客投诉，反映物流速度太慢。为此，该公司随机抽取了 150 份运单进行统计，得出结论如下：从寄出当日开始计算，到货日期一般为 3 天后，最长不超过 5 天。请根据表 4-20 中的数据进行分析，该公司的结论是否正确。

表 4-20　某快递公司运输时长数据表　　　　　　　　　　单位：天

1.5	2.5	3.0	2.5	3.0	1.5	2.5	2.0	3.0	1.5
1.5	2.5	2.0	3.0	1.5	3.0	2.0	2.0	1.5	2.0
2.0	2.0	2.0	1.5	1.5	1.5	3.0	2.0	2.0	3.0
1.5	1.5	3.0	2.0	1.5	2.5	3.0	2.5	3.0	1.5
1.5	2.5	2.0	3.0	1.5	3.0	2.0	2.0	1.5	2.0
2.0	2.0	2.0	1.5	1.5	1.5	3.0	2.0	2.0	3.0
4.0	3.5	2.0	2.0	2.0	1.5	1.5	2.0	3.0	1.5
1.5	2.5	3.0	2.5	3.0	1.5	2.5	2.0	3.0	1.5
1.5	2.5	2.0	3.0	1.5	3.0	2.0	2.0	1.5	2.0
2.0	2.0	1.5	1.5	2.0	3.0	1.5	4.0	3.5	2.0
2.0	2.0	2.0	1.5	1.5	1.5	3.0	2.0	2.0	3.0
1.5	1.5	3.0	2.0	1.5	2.5	3.0	2.5	3.0	1.5
1.5	2.5	2.0	3.0	1.5	3.0	2.0	2.0	1.5	2.0
5.0	1.5	3.5	2.0	2.0	1.5	1.5	3.0	2.0	2.0
2.0	2.0	2.0	1.5	1.5	2.0	3.0	1.5	3.5	2.0

 自我检测

一、单选题（共 5 题，每题 5 分，共 25 分）

1. 标志变异指标反映总体各单位标志值的（　　）。

　　A. 集中趋势　　　　B. 一般水平　　　　C. 离中趋势　　　　D. 都可以

2. 对于相同水平的不同总体，可以用以下哪种指标比较其平均值代表性高低？（　　）

　　A. 离散系数　　　　B. 标准差　　　　C. 中位数　　　　D. 算术平均数

3. 甲、乙两数列的平均数分别是 200 和 150，它们的标准差为 11.9 和 4.5，则（　　）。

　　A. 甲数列平均数的代表性高于乙数列　　　B. 乙数列平均数的代表性高于甲数列

　　C. 两数列平均数的代表性相同　　　　　　D. 两数列平均数的代表性无法比较

4. 方差是标准差的（ ）。

    A. 平均数   B. 平方

    C. 离差平均数的平方   D. 平均数的平方

5. 对于不同水平的不同总体，可以用以下哪种指标比较其平均值代表性高低？（ ）

    A. 离散系数   B. 标准差   C. 中位数   D. 算术平均数

二、多选题（共 3 题，每题 5 分，共 15 分）

1. 关于极差，下列说法正确的有（ ）。

    A. 能反映总体各单位标志值的变动范围

    B. 能反映所有标志值差异的大小

    C. 不能反映所有标志值差异的大小

    D. 不受极端值的影响

    E. 受极端值的影响

2. 下列指标中，属于标志变异指标的有（ ）。

    A. 离散系数   B. 标准差

    C. 方差   D. 算术平均数

    E. 极差

3. 关于标志变异指标，下列说法正确的有（ ）。

    A. 极差是总体单位中最大值与最小值之差，说明标志值变动的最大范围

    B. 标准差越大，说明标志变动程度越大，因而平均数代表性越小

    C. 标准差越大，说明标志变动程度越小，因而平均数代表性越大

    D. 离散系数越大，说明平均值代表性越小

    E. 离散系数越小，说明平均值代表性越小

三、综合分析题（每题 30 分，共 60 分）

1. 请根据某企业 A、B 两组生产工人日产量资料（见表 4-21），计算两组工人的平均日产量、极差、标准差和方差，并分析哪个组的平均值代表性较大。

表 4-21 某企业 A、B 组生产工人日产量数据表

A 组生产工人日产量		B 组生产工人日产量	
日产量 / 件	人数 / 人	日产量 / 件	人数 / 人
10	2	6	3
15	3	7	2

续表

A 组生产工人日产量		B 组生产工人日产量	
日产量 / 件	人数 / 人	日产量 / 件	人数 / 人
20	4	8	4
30	4	9	5
35	5	10	4
40	2	11	2
合计	20	合计	20

2. 某电商品牌 2021 年 6 月 1 日至 6 月 30 日的客流量数据见表 4–22，请借助 Excel 工具对数据进行描述性统计分析，并对该平台的客流量进行分析、汇报。

表 4–22　2021 年 6 月客流量数据表

日期	人数 / 人	日期	人数 / 人	日期	人数 / 人
1	1 211	11	1 439	21	2 060
2	1 156	12	1 594	22	1 852
3	1 034	13	1 628	23	1 734
4	965	14	2 065	24	1 658
5	1 012	15	2 679	25	1 411
6	1 329	16	3 940	26	1 302
7	1 268	17	6 567	27	1 360
8	1 197	18	8 457	28	1 209
9	1 472	19	4 231	29	1 179
10	1 267	20	3 650	30	1 106

课堂思政

不平凡之年书写非凡答卷
——摘选、改编自《2020 年国民经济和社会发展统计公报》评读

2020 年是极不平凡的一年。面对严峻复杂的国内外环境特别是新冠肺炎疫情的严重冲击，在以习近平同志为核心的党中央的坚强领导下，各地区各部门坚决贯彻落实党中央决策部署，科学统筹疫情防控和经济社会发展，扎实做好"六稳"工作、全面落实"六保"任务，经济运行稳定恢复、好于预期，发展目标任务全面完成，"十三五"规划圆满收官，全面建成小康社会胜利在望。如期发布的《2020 年国民经济和社会发展统计公报》，全面展示了一年来全国人民顽强奋斗取得的令世界瞩目、可载入史册的伟大成就，来之不易，催人奋进。

一、统筹疫情防控和经济社会发展取得重大战略成果，经济总量再上新台阶

经济总量突破百万亿大关。全年国内生产总值达 101.6 万亿元，比上年增长 2.3%，是全球唯一实现经济正增长的主要经济体。按年平均汇率折算，2020 年我国经济总量占世界经济的比重预计超过 17%。经济恢复走在世界前列，在一季度国内生产总值下降的情况下，二季度增速由负转正，增长 3.2%，三季度增长 4.9%，四季度增长 6.5%，走出了一条令世界惊叹的 V 形曲线，成为推动全球经济复苏的主要力量。

二、"六稳""六保"有力有效，经济基本盘稳固夯实

保粮食能源安全、保产业链供应链稳定及时有效。粮食产量再创新高。全年粮食产量 66 949 万吨，比上年增产 0.9%，连续 6 年保持在 1.3 万亿斤①以上。能源供应保持稳定。

保居民就业、保基本民生扎实有力。全年城镇新增就业 1 186 万人，超额完成年初预期目标。年末全国城镇调查失业率为 5.2%，城镇登记失业率为 4.2%，均低于预期目标。全年居民消费价格平均上涨 2.5%，低于 3.5% 左右的预期目标。

保市场主体、保基层运转取得实效。市场主体活力不断激发。全年规模以上工业企业实现利润 64 516 亿元，比上年增长 4.1%。

三、三大攻坚战取得决定性成就，发展底色更加亮丽

脱贫攻坚成果举世瞩目。按现行农村贫困标准计算，551 万农村贫困人口全部实现脱贫。全年贫困地区农村居民人均可支配收入 12 588 元，实际增长 5.6%。

---

① 1 斤 = 0.5 千克。

污染防治成效显著。在监测的 337 个地级及以上城市中，全年空气质量达标的城市占 59.9%，比上年提高 13.3 个百分点。

防范化解重大风险扎实推进。牢固树立底线思维，抓实化解地方政府隐性债务风险工作。年末全国地方政府债务余额 256 615 亿元，控制在全国人大批准的限额之内。

四、改革创新持续深化，发展潜能有效激发

创新投入大幅增加。全年研究与试验发展经费支出 24 426 亿元，比上年增长 10.3%，与国内生产总值之比为 2.40%，比上年提高 0.16 个百分点；其中基础研究经费比上年增长 12.6%，持续保持较快增长。

科技实力显著增强。重大科技成果不断涌现。"嫦娥四号"首次登陆月球背面，"嫦娥五号"完成月表采样返回，"天问一号"探测器成功发射，"奋斗者号"完成万米载人深潜，北斗导航全球组网，量子计算原型系统"九章"成功研制，500 米口径球面射电望远镜正式开放运行。

新动能逆势成长。全年规模以上高技术制造业增加值增速比全部规模以上工业快 4.3 个百分点，规模以上高技术服务业企业营业收入增速比全部规模以上服务业企业快 9.0 个百分点，高技术产业投资增速比全部投资快 7.9 个百分点。

五、全面开放蹄疾步稳，开放水平不断提高

贸易大国地位更加稳固。货物贸易规模再创新高。全年货物进出口总额 321 557 亿元，比上年增长 1.9%，其中出口增长 4.0%。进出口、出口总值双双创历史新高，继续稳居全球货物贸易第一。

共建"一带一路"成效显著。全年对"一带一路"沿线国家进出口总额 93 696 亿元，比上年增长 1.0%；对"一带一路"沿线国家非金融类直接投资额 178 亿美元，增长 18.3%。截至 2021 年 1 月底，累计同 140 个国家和 31 个国际组织签署 205 份共建"一带一路"合作文件。

六、民生保障力度加强，人民生活水平稳步提升

居民收入与经济同步增长。全年全国居民人均可支配收入 32 189 元，比上年增长 4.7%，扣除价格因素，实际增长 2.1%，快于人均国内生产总值增速。农村居民收入较快增长。全年农村居民人均可支配收入比上年实际增长 3.8%，快于城镇 2.6 个百分点。

社会保障体系不断完善。社会保险覆盖面进一步扩大。全国基本养老保险参保人数近 10 亿人，基本医疗保险参保率稳定在 95% 以上。

社会事业全面进步。教育文化繁荣发展。九年义务教育巩固率为 95.2%，比上年提高 0.4 个百分点；高中阶段毛入学率为 91.2%，提高 1.7 个百分点。全国规模以上文化及相关产业企业营业收入 98 514 亿元。医疗卫生力量显著增强。年末全国共有医疗卫生机构 102.3 万个，卫生技术人员 1 066 万人，比上年末增加 51 万人。2020 年是"十

三五"收官之年，是实现第一个百年奋斗目标的关键一年。经过5年的砥砺前行、接续奋斗，"十三五"规划提出的经济社会发展主要目标较好实现。经济总量突破100万亿元大关，人均国内生产总值连续两年超过1万美元。重大发展战略稳步实施，重大改革开放举措加快推进，重大工程项目扎实建设，生态文明建设取得重大进展，全面建成小康社会取得伟大历史性成就。这是以习近平同志为核心的党中央总揽全局、把舵定向的结果，是中国特色社会主义制度优势充分彰显、有效发挥的结果，是全国各族人民同心同德、艰苦奋斗的结果，成绩来之不易，需要倍加珍惜。

2021年是"十四五"开局之年，是第二个百年奋斗目标新征程的开启之年。立足新发展阶段，贯彻新发展理念，构建新发展格局，我们必须迈好第一步，努力实现更高质量、更有效率、更加公平、更可持续、更为安全的发展。与此同时，也必须清醒认识到，当前我国发展的外部环境依然复杂严峻，不稳定不确定因素较多；国内发展不平衡不充分问题仍比较突出，人口老龄化加剧，基本公共服务水平有待提升，新冠肺炎疫情的影响未根本消除。我们要更紧密地团结在以习近平同志为核心的党中央周围，高举中国特色社会主义伟大旗帜，深入贯彻落实十九届五中全会和中央经济工作会议精神，增强机遇意识和风险意识，准确识变、科学应变、主动求变，坚持深化供给侧结构性改革这条主线，坚持扩大内需这个战略基点，着力培育强大国内市场，持续强化科学战略支撑，加快打造更高水平的对外开放，积极畅通国民经济循环，确保"十四五"开好局、起好步，以更加优异的成绩向党的百年华诞献礼。

思政目标：

1. 通过我国2020年国民经济和社会发展大数据，认识国家在科学统筹疫情防控和促进经济社会发展方面做的重点工作和取得的巨大成就，树立"中国决心"和"中国自信"。

2. 学会用全面、辩证、长远的眼光分析问题。

小组讨论：

突如其来的新冠肺炎疫情对我国经济发展和社会生活造成较大影响。但越是在困难时期，越要坚持用全面、辩证、长远的眼光分析当前经济形势，越要增强信心、坚定信心，努力在危机中育新机、于变局中开新局。

请结合2020年国民经济数据，分析我国2020年经济社会发展取得的成就和目前存在的内部矛盾与困难，思考我国经济社会发展的新机遇和新格局。

模块五 │ 时间序列分析

　　最早的时间序列分析可以追溯到 7 000 年前的古埃及。当时，为了发展农业生产，古埃及人一直在密切关注尼罗河泛滥的规律，他们把尼罗河涨落的情况逐天记录下来，构成了人类历史上第一个时间序列。对这个时间序列长期的观察使古埃及人发现尼罗河的涨落非常有规律，天狼星第一次和太阳同时升起的那一天之后，再过 200 天左右，尼罗河就开始泛滥，泛滥期将持续七八十天，洪水退去后，土地肥沃，随意播种都会有丰厚的收成。由于掌握了尼罗河泛滥的规律，古埃及的农业迅速发展，解放出大批的劳动力去从事非农业生产，从而创建了灿烂的古埃及文明。像古埃及人一样，按照时间的顺序把随机事件变化发展的过程记录下来就构成了一个时间序列。对时间序列进行观察、研究，寻找它变化发展的规律，预测它将来的走势就是时间序列分析。

　　社会经济现象随着时间的推移而变化，呈现动态性。时间序列分析作为统计预测中的一种重要方法，在社会实践中的应用非常广泛。通过分析时间序列进行合理预测，可以提前掌握未来的发展趋势，为企业经营决策提供科学依据。

　　本模块通过"认识时间序列""时间序列的水平分析""时间序列的速度分析"和"长期趋势和季节变动分析"四个任务，引导学生掌握水平指标和速度指标的计算方法，能对社会经济现象发展趋势做出分析与预测。本模块知识点思维导图见图 5–1。

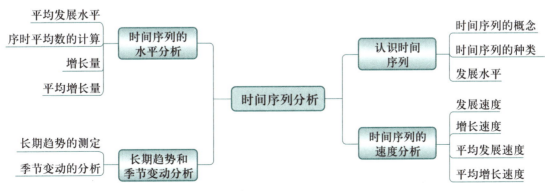

图 5–1　时间序列分析

任务 5.1　认识时间序列

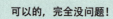 **学习目标**

- 认识时间序列的概念和种类。
- 能辨别时期序列与时点序列。
- 能运用时间序列描述社会经济现象的发展变化过程。
- 提升对经济现象发展变化的认知水平。
- 会用发展的眼光分析经济现象的变化规律。

职业情景

　　零度奶茶店完成第一季度的销售业绩分析后，大家激情迸发、勤勤恳恳、忙忙碌碌地又经营了半年，这时候大家都想知道这半年以来的销售业绩变动情况……于是，三人坐在一起开年中总结会议。

> 小远，我们在第一季度销售业绩报告分析中只掌握了各种产品的销售情况，现在我们可以知道这半年以来每个月之间销售额的变动情况和与刚开业的第一个月的销售额对比的总变动情况吗？

> 可以的，完全没问题！

知行联动

一、时间序列的概念

　　时间序列是指同一总体现象的指标数值按其发生的时间先后顺序排列而成的序列，又称为动态序列。时间序列包括两个基本要素：一是现象所属的时间；二是反映现象在不同时间上的指标值。

数据解读

国家统计局数据显示，近 6 年我国使用手机网络购物的人数情况为：2015 年为 3.4 亿人，2016 年为 4.41 亿人，2017 年为 5.06 亿人，2018 年为 5.92 亿人，2019 年为 6.22 亿人，2020 年为 7.81 亿人。这一组数据是变化的动态数据，这样同一总体现象的指标数值按其发生的时间先后顺序排列而成的序列称为时间序列。从这个时间序列中，可以观察到我国使用手机网络购物的人数每年都有着稳步的递增，并且增长速度较快，手机网络购物的便利性给各个电商企业带来了无限的商机，给予用户优质的购物 App 使用体验也是各大电商营销手段的重中之重。

时间序列可以描述社会经济现象的发展过程，计算分析动态指标，研究现象的发展方向、发展速度及其变化规律，并可用来对现象的未来情况进行预测。

活动 5.1.1

◎**活动描述**

零度奶茶店销售员统计 2020 年上半年产品销售情况见表 5–1。

表 5–1　零度奶茶店 2020 年上半年产品销售情况表

时间	1 月	2 月	3 月	4 月	5 月	6 月
销售额 / 元	22 800	25 800	31 200	30 300	34 780	42 350

◎**活动要求**

请观察分析此表，判断出其是否符合时间序列的特点。

◎**活动实施**

步骤 1：表格显示了 2020 年 1—6 月的销售额数据变化，符合时间序列的第一个特点：与时间变化有直接关系，即反映时间变化的序列。

步骤 2：表格中 2020 年 1—6 月的销售额各不相同，有所变化，符合时间序列的第二个特点：在不同的时间上反映出指标数值的变化，属于动态序列。

二、时间序列的种类

按统计指标表现形式的不同，时间序列一般可以分为总量指标时间序列、相对数指标时间序列和平均数指标时间序列。总量指标时间序列又可以分为时期指标时间序列和时点指标时间序列。如果统计指标是时期指标，则这种时间序列为时期序列；如果统计指标是时点指标，则这种时间序列为时点序列。

（一）时期序列的特点

（1）各个指标值可以相加。

（2）每个指标值的大小与时间间隔的长短有直接关系。

（3）一般采用连续登记办法获得。

（二）时点序列的特点

（1）各个指标值不可以相加。

（2）每个指标值大小与时间间隔的长短没有直接关系，只表明某时点的数值。

（3）一般采用间断登记办法获得。

活动 5.1.2

◎**活动描述**

零度奶茶店经过半年的经营，销售员统计出了这半年里每个月的奶茶销售情况（见表 5–1）以及每月初奶粉的库存量（见表 5–2）。

表 5–2　零度奶茶店 2020 年上半年月初奶粉库存量情况表

日期	1月1日	2月1日	3月1日	4月1日	5月1日	6月1日
库存量 / 千克	100	120	128	140	130	110

◎**活动要求**

请观察并分析出表 5–1 和表 5–2 分别是时点序列还是时期序列。

◎**活动实施**

步骤 1：表 5–1 中销售额用连续登记办法获得，销售额多少与时间间隔的长短有直接关系并且可以相加，为时期指标，所以此表是时期序列。

步骤 2：表 5–2 中库存量采用间断登记办法获得，库存量多少与时间间隔的长短没有直接关系，只表明某时点的数值，并且不可以相加，为时点指标，所以此表是时点序列。

三、发展水平

发展水平是指在时间序列中的各个指标数值，它反映社会经济现象在各个时间所达到的规模或水平。它是计算其他动态分析指标的基础，既可用总量指标来表示，也可用相对指标或平均指标来表示。设 a_0，a_1，$\cdots$，a_n 代表时间序列中的各个发展水平，其中 a_0 为最初水平，a_n 为最末水平，其余为中间水平。

活动 5.1.3

◎活动描述

零度奶茶店经过半年的经营，销售员统计出了这半年中每个月的奶茶销售情况，见表 5-1。

◎活动要求

请观察分析表 5-1，列出时间序列中的各个发展水平。

◎活动实施

步骤 1：最初水平——时间序列中的第一项指标数值，即 1 月份销售额，用 a_0 表示；

步骤 2：最末水平——时间序列中的最末一项指标数值，即 6 月份销售额，用 a_5 表示；

步骤 3：中间水平——介于首项与末项之间各期的发展水平，即 2 月份、3 月份、4 月份、5 月份销售额，用 a_1，a_2，…，a_{n-1} 表示。

思维拓展

经统计，我国 2017—2020 年网民规模分别为 7.51 亿人、8.29 亿人、9.04 亿人、9.89 亿人，而网络购物用户规模分别为 5.33 亿人、6.10 亿人、6.39 亿人、7.82 亿人。网上零售额分别为 7.2 万亿元、9.0 万亿元、10.6 万亿元、11.8 万亿元。

要求：1. 请编制动态表格，描绘该动态数据图。

2. 分析这三个动态数列的种类。

自我检测

一、单选题（共 4 题，每题 5 分，共 20 分）

1. 时间数列与变量数列（　　）。

A. 都是根据时间顺序排列的

B. 都是根据变量值大小排列的

C. 前者是根据时间顺序排列的，后者是根据变量值大小排列的

D. 前者是根据变量值大小排列的，后者是根据时间顺序排列的

2. 时间数列中，数值大小与时间长短有直接关系的是（　　　）。

　　A. 平均数时间数列　　　　　　　　　　B. 时期数列

　　C. 时点数列　　　　　　　　　　　　　D. 相对数时间数列

3. 时间序列中，各个指标数值可以相加的是（　　　）。

　　A. 时点数列　　　　　　　　　　　　　B. 平均数动态数列

　　C. 时期数列　　　　　　　　　　　　　D. 相对数动态数列

4. 属于时期数列的是（　　　）。

　　A. 全国六次人口普查数　　　　　　　　B. 某省近 5 年每年的粮食产量

　　C. 某市近 5 年企业数　　　　　　　　　D. 某商场 2010—2020 年商品库存额

二、多选题（共 6 题，每题 5 分，共 30 分）

1. 时间序列按统计指标表现形式的不同可分为（　　　　　　）。

　　A. 时期数列　　　　　　　　　　　　　B. 时点数列

　　C. 总量指标数列　　　　　　　　　　　D. 相对数数列

　　E. 平均数数列

2. 下列各数列属于时期数列的有（　　　　　　）。

　　A. 某企业年内各月产量　　　　　　　　B. 某企业历年产量

　　C. 某商店第一季度各月末库存额　　　　D. 某商店第一季度各月平均客流量

3. 下列各数列属于时点数列的有（　　　　　　）。

　　A. 某商店各月末库存额　　　　　　　　B. 某工厂各月初职工人数

　　C. 全国历年钢产量　　　　　　　　　　D. 全国各年人口自然增长率

　　E. 某银行各月末存款余额

4. 对于时间数列，下列说法正确的有（　　　　　　）。

　　A. 数列是按数值大小顺序排列的　　　　B. 数列中的数值都有可加性

　　C. 数列是按时间先后顺序排列的　　　　D. 数列是进行动态分析的基础

　　E. 编制时应注意数值间的可比性

5. 时点数列的特点有（　　　　　　）。

　　A. 数值大小与间隔长短有关　　　　　　B. 数值大小与间隔长短无关

　　C. 数值相加有实际意义　　　　　　　　D. 数值相加没有实际意义

　　E. 数值是连续登记得到的

6. 下列社会经济现象中属于时期数列的有（　　　　　　）。

　　A. 某商店各月商品库存额

　　B. 某商店各月商品销售额

C. 某工业企业历年内部职工调动工种人次数

D. 某银行某年各月末人数

三、判断题（共 5 题，每题 5 分，共 25 分）

（　　）1. 时间数列中各个指标数值是不能相加的。

（　　）2. 时期数列是最基本的时间数列。

（　　）3. 保证时间序列中各个指标数值的可比性是编制时间序列的基本原则。

（　　）4. 时间数列中的发展水平都是统计绝对数。

（　　）5. 由两个时期数列的对应项相对比而产生的新数列仍然是时期数列。

四、综合分析题（共 25 分）

请根据表 5-3 的要求在国家统计局网站查找相关信息，并填写相应指标数值。然后分析表中动态数列的种类（时点数列或时期数列）。（15 分，每空 1.5 分）

表 5-3　2016—2020 年我国若干经济指标

年份	2016	2017	2018	2019	2020
国内生产总值 / 亿元					
年末总人数 / 万人					

（1）国内生产总值为_____数列。（5 分）

（2）年末总人数为_____数列。（5 分）

任务5.2 时间序列的水平分析

学习目标

- 会计算平均发展水平指标。
- 能运用时间序列分析经济活动发展变动的一般水平。
- 提升对经济现象发展变化的认知水平。
- 会用发展的眼光分析经济现象的变化规律。

职业情景

大家明白了什么是静态分析和动态分析后，就想了解产品成本的变动情况，于是小远拿出各种原材料的库存登记表，准备向大家汇报情况，因为企业能否盈利，产品成本的内部控制非常重要。

我们明白了分析现象是需要静态分析和动态分析了，现在想了解我们产品的成本变动情况。

提得太对了，我已经准备好了！我们的主要产品成本是原材料，所以现在我们首先对原材料成本的内部控制进行分析。

知行联动

一、平均发展水平

平均发展水平也称为序时平均数，是把时间数列中各期指标数值加以平均而求得的平均数，它表明现象在整个发展过程中发展变动的一般水平的代表值。

数据解读

2016—2020 年间我国财政收入情况数据见表 5-4。

表 5-4　我国 2016—2020 年财政收入情况表

年份 / 年	2016	2017	2018	2019	2020
财政收入 / 亿元	159 604.97	172 592.77	183 359.84	190 390.08	182 894.92

根据表 5-4，能算出平均每年的财政收入为 177 768.516 亿元，这是 5 年来我国财政收支发展变动的一般水平的代表值。我们能分析出，即使 2020 年经历了一场异常艰苦的新冠肺炎疫情抗击战，各行各业都受到了不同程度的影响，社会经济受到了很大的冲击。但是这一年我国的财政收入依然处于平均水平之上，反映我国经济恢复政策取得了明显成效。

数据来源：国家统计局

二、序时平均数的计算

由于时间序列中各指标值性质有不同特点，因此，根据不同的时间序列计算序时平均数应采用不同的方法。

（一）时期序列或逐日登记的时点序列

序时平均数的计算公式为：

$$\bar{a} = \frac{a_1 + a_2 + \cdots + a_n}{n} = \frac{\sum a}{n}$$

活动 5.2.1

◎**活动描述**

零度奶茶店的主要原料之一是砂糖，库管员在这半年以来随机抽取一周的砂糖消耗量数据，见表 5-5。

表 5-5　零度奶茶店砂糖消耗量情况表

时间	星期一	星期二	星期三	星期四	星期五	星期六	星期日
消耗量 / 千克	25	26	25	28	26	30	32

◎**活动要求**

请进行原材料成本分析，计算日平均砂糖消耗量。

◎**活动实施**

步骤 1：由于消耗量是时期指标，因此以上序列属于时期时间序列。

步骤 2：计算日平均砂糖消耗量：

$$\bar{a} = \frac{a_1 + a_2 + \cdots + a_n}{n} = \frac{\sum a}{n}$$

$$= \frac{25 + 26 + 25 + 28 + 26 + 30 + 32}{7} \approx 27.43 \ （千克）$$

计算结果表明，零度奶茶店日平均砂糖消耗量为 27.43 千克。

（二）加权连续时点序列

在已知不是逐日变动且只在变动时才加以登记的时点数值时，计算序时平均数的公式为：

$$\bar{a} = \frac{a_1 f_1 + a_2 f_2 + \cdots + a_n f_n}{f_1 + f_2 + \cdots + f_n}$$

活动 5.2.2

◎**活动描述**

零度奶茶店的主要原料之一是砂糖，库管员在这半年来随机抽取一个月的砂糖购买单价数据，见表 5–6。

表 5–6 零度奶茶店 6 月份砂糖购买单价情况表

日期	单价 a / 元	天数 f / 天	af / 元
1—12 日	6.50	12	78.00
12—20 日	6.48	8	51.84
21—30 日	6.60	10	66.00
合计	—	30	195.84

注：单价为每 500g 的价格，后同。

◎**活动要求**

请分析表 5–6 并计算砂糖的平均购买单价。

◎**活动实施**

步骤 1：从以上时点现象的指标数值中可以看出，该序列不是逐日变动的，只在发生变动时才加以登记，属于加权连续时点序列。

步骤 2：计算砂糖平均购买单价：

$$\bar{a} = \frac{a_1 f_1 + a_2 f_2 + \cdots + a_n f_n}{f_1 + f_2 + \cdots + f_n}$$

$$= \frac{6.50 \times 12 + 6.48 \times 8 + 6.60 \times 10}{12 + 8 + 10} = 6.528 \ （元）$$

计算结果表明，根据表 5–6 的资料分析，零度奶茶店 6 月份砂糖的平均购买单价为 6.528 元。

（二）间隔相等的间断时点资料时

序时平均数的计算公式为：

$$\bar{a} = \frac{\frac{a_1}{2} + a_2 + \cdots + a_{n-1} + \frac{a_n}{2}}{n-1}$$

活动 5.2.3

◎**活动描述**

零度奶茶店的主要原料之一是砂糖，采购员随机抽取 A 供应商已知的单价数据，见表 5–7。

表 5–7　A 供应商 1—7 月月初砂糖单价情况表

日期	1 月 1 日	2 月 1 日	3 月 1 日	4 月 1 日	5 月 1 日	6 月 1 日	7 月 1 日
单价 / 元	6.20	6.30	6.50	6.60	6.50	6.80	6.60

◎**活动要求**

请分析表 5–7，并计算上半年砂糖的平均单价。

◎**活动实施**

步骤 1：从以上时点现象的指标数值中可以看出，该序列是每隔一定时期或周期进行登记的，而且每个数值的间隔是相等的，属于间隔相等的间断时点序列。

步骤 2：计算 1—6 月的砂糖平均单价：

$$\bar{a} = \frac{\frac{a_1}{2} + a_2 + \cdots + a_{n-1} + \frac{a_n}{2}}{n-1}$$

$$= \frac{\frac{6.20}{2} + 6.30 + 6.50 + 6.60 + 6.50 + 6.80 + \frac{6.60}{2}}{7-1} \approx 6.52 \ (\text{元})$$

计算结果表明，零度奶茶店 1—6 月从 A 供应商处购买砂糖的平均单价为 6.52 元。

（四）间隔不等的间断时点序列

序时平均数的计算公式为：

$$\bar{a} = \frac{\frac{a_1 + a_2}{2} \times f_1 + \frac{a_2 + a_3}{2} \times f_2 + \cdots + \frac{a_{n-1} + a_n}{2} \times f_{n-1}}{f_1 + f_2 + \cdots + f_{n-1}}$$

活动 5.2.4

◎**活动描述**

零度奶茶店的主要原料之一是砂糖，现在随机抽取 B 供应商已知的单价数据，见表5–8。

表5–8　B供应商 1—7 月砂糖单价情况表

日期	1月1日	2月1日	4月1日	6月1日	7月1日
单价 / 元	6.00	6.30	6.20	6.40	6.60

◎**活动要求**

请分析表5–8，并计算 1–7 月砂糖的平均单价。

◎**活动实施**

步骤1：从以上时点现象的指标数值中可以看出，该序列是每隔一定时期或周期进行登记的，而且每个数值的间隔是不相等的，属于间隔不相等的间断时点序列。

步骤2：计算 B 供应商 1—7 月的砂糖平均单价：

$$\bar{a} = \frac{\dfrac{a_1+a_2}{2} \times f_1 + \dfrac{a_2+a_3}{2} \times f_2 + \cdots + \dfrac{a_{n-1}+a_n}{2} \times f_{n-1}}{f_1+f_2+\cdots+f_{n-1}}$$

$$= \frac{\dfrac{6+6.3}{2} \times 1 + \dfrac{6.3+6.2}{2} \times 2 + \dfrac{6.2+6.4}{2} \times 2 + \dfrac{6.4+6.6}{2} \times 1}{1+2+2+1} \approx 6.29$$

计算结果表明，零度奶茶店 1—7 月从 B 供应商处购买砂糖的平均单价为 6.29 元。

三、增长量

增长量是用来说明社会经济现象在一定时期内所增长的绝对数量的指标，它是报告期水平与基期水平之差，反映报告期比基期增长的水平。如果增长量是正值，表示现象水平不断增加，是增加量；如果增长量是负值，表示现象水平不断降低，是降低量。

由于所采用的基期不同，增长量又可分为逐期增长量和累计增长量两种，见表5–9。

表5–9　增长量的种类

种类	含义	表示符号
逐期增长量	报告期水平与前一期水平之差	a_1-a_0，a_2-a_1，$\cdots$，a_i-a_{i-1}
累计增长量	报告期水平与某一固定基期水平之差	a_1-a_0，a_2-a_0，$\cdots$，a_i-a_0

数据解读

我国近五年来社会消费品零售总额见表 5–10。

表 5–10　我国 2016—2020 年社会消费品零售额

年份 / 年	2016	2017	2018	2019	2020
社会消费品零售总额 / 亿元	315 806.20	347 326.70	377 783.10	408 017.20	391 980.60
逐期增长量 / 亿元	—	31 520.50	30 456.40	30 234.10	–16 036.60
累计增长量 / 亿元	—	31 520.50	61 976.90	92 211.00	76 174.40

社会消费品零售总额是观察国内消费水平最重要的指标之一，由表 5–10 可以发现，2016 年至 2019 年我国的社会消费品零售额逐期增长量都为正数，累计增长量不断提高，表明我国消费总额也在逐年上涨，经济一直保持较高水平增长，但 2020 年由于新冠肺炎疫情突然来袭，人们的正常生活一度停摆，人们的社会消费行为有了很大的局限和改变，进而导致 2020 年的社会消费品零售额逐期增长量为负数，累计增长量也有所回落。

$$逐期增长量 = 报告期水平 - 前期水平$$

用字母表示为：

$$a_i - a_{i-1} \quad (i=1, 2, \cdots, n)$$

$$累计增长量 = 报告期水平 - 固定基期水平（通常为最初水平）$$

用字母表示为：

$$a_i - a_0 \quad (i=1, 2, \cdots, n)$$

累计增长量等于相应的逐期增长量之和，用公式表示为：

$$a_n - a_0 = (a_1 - a_0) + (a_2 - a_1) + \cdots + (a_n - a_{n-1})$$

四、平均增长量

平均增长量是用来说明某种社会经济现象在一定时期内平均每期增长的数量的指标，它也是一种序时平均数，用公式表示为：

$$平均增长量 = \frac{逐期增长量之和}{逐期增长量个数} = \frac{累计增长量}{时间数列项数 - 1}$$

活动 5.2.5

◎**活动描述**

零度奶茶店销售员统计 2020 年 1—6 月的销售额，见图 5-2。

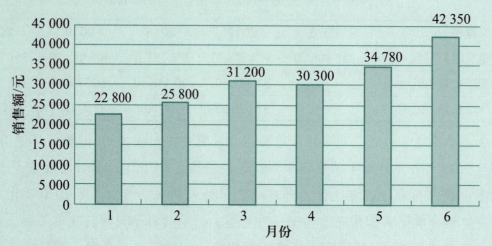

图 5-2　零度奶茶店上半年销售额

◎**活动要求**

请依据图 5-2 中数据进行销售业绩分析，并计算逐期增长量与累计增长量，分析两者关系。

◎**活动实施**

步骤 1：逐期增长量 = 报告期水平 - 前一期水平，用公式表示为：a_1-a_0，a_2-a_1，a_3-a_2，…，a_n-a_{n-1}

例如，3 月的逐期增长量 = a_2-a_1 = 31 200 - 25 800 = 5 400（元）

步骤 2：累计增长量 = 报告期水平 - 固定基期水平，用公式表示为 a_1-a_0，a_2-a_0，a_3-a_0 …，a_n-a_0

例如，3 月的累计增长量 = a_2-a_0 = 31 200 - 22 800 = 8 400（元）

步骤 3：累计增长量等于同时期内各逐期增长量之和，用公式表示为

$$a_n-a_0 = (a_1-a_0) + (a_2-a_1) + \cdots + (a_n-a_{n-1})$$

2020 年 6 月的销售额较 2020 年 1 月增加了 19 550 元，为 2020 年 2 月至 2020 年 6 月各月逐期增长量之和，即

3 000 + 5 400 + （-900） + 4 480 + 7 570 = 19 550

步骤 4：相邻两个累计增长量之差，等于相应时期的逐期增长量，即

$$(a_n-a_0) - (a_{n-1}-a_0) = a_n-a_{n-1}$$

例如，2020 年 6 月的逐期增长量 = 19 550–11 980 = 7 570（元）

步骤 5：计算零度奶茶店 2020 年 1—6 月销售额的平均增长量。

$$平均增长量 = \frac{3\,000 + 5\,400 + (-900) + 4\,480 + 7\,570}{5} = \frac{19\,550}{6-1} = 3\,910（元）$$

步骤 6：根据以上的计算结果，可以填列表 5–11。

表 5–11　零度奶茶店 2020 年上半年产品销售额分析表　　　　单位：元

时间	1 月	2 月	3 月	4 月	5 月	6 月
	a_0	a_1	a_2	a_3	a_4	a_5
销售额	22 800	25 800	31 200	30 300	34 780	42 350
逐期增长量	—	3 000	5 400	–900	4 480	7 570
累计增长量	—	3 000	8 400	7500	11 980	19 550

计算结果表明，逐期增长量表明零度奶茶店的销售额自开业以来除了 4 月份有所降低，其余各月都稳步增长，累计增长量表明零度奶茶店的销售额总体呈现理想的上升趋势。

技能提升

时间数列的水平指标主要包括平均发展水平、增长量、平均增长量等。在计算水平指标时，可借助 Excel 办公软件中的 AVERAGE 函数对数据进行快速求平均。

Excel 在平均发展水平及增长量中的应用

利用 AVERAGE 函数计算零度奶茶店 2020 年上半年产品的月平均销售额。

（1）AVERAGE 函数在模块四已介绍，在此不做赘述。

（2）活动步骤如下。

①打开技能提升素材文件夹中的"任务 5.2"工作簿，"活动 5.2.5"工作表。

②单击 B8 单元格，输入"= AVERAGE（B4：G4）"，按回车键，显示结果"31205"元，见图 5–3。

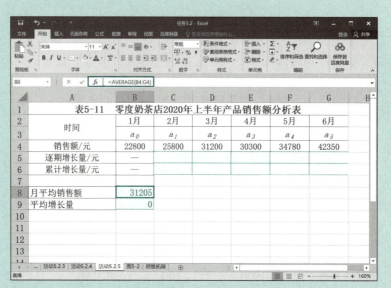

图 5-3　计算零度奶茶店 2020 年上半年产品的月平均销售额

③计算零度奶茶店 2020 年上半年产品的销售额逐期增长量。单击选中 C5 单元格，输入公式"=C4-B4"，按回车键，显示结果为"3000"。

④使用填充柄功能，按住鼠标左键向右拖至"G5"单元格，即可得到逐期增长量的值，见图 5-4。

图 5-4　计算零度奶茶店 2020 年上半年产品的销售额逐期增长量

⑤计算零度奶茶店 2020 年上半年产品的销售额累计增长量。单击选中 C6 单元格，输入公式"=C4-\$B\$4"，按回车键后可得结果。

⑥使用填充柄功能按住鼠标左键向右拖至"G6"单元格，即可得到累计增长量的值，见图 5-5。

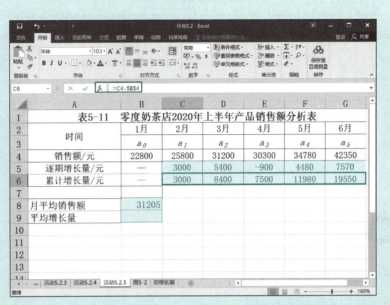

图 5-5　计算零度奶茶店 2020 年上半年产品的销售额累计增长量

⑦计算零度奶茶店 2020 年上半年产品的销售额平均增长量。单击选中 B9 单元格，输入公式"=G6/（6-1）"，按回车键后即可得到平均增长量为 3 910 元。

⑧完成对零度奶茶店 2020 年上半年产品销售情况分析，见图 5-6。

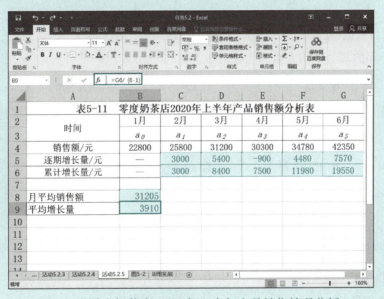

图 5-6　零度奶茶店 2020 年上半年产品销售情况分析

某食品集团 2016—2020 年净利润见表 5-12。

表 5-12 某食品集团 2016—2020 年净利润

年份 / 年	2016	2017	2018	2019	2020
净利润 / 万元	2 230	2 440	2 850	3 000	3 140
逐期增长量 / 万元					
累计增长量 / 万元					

要求：1. 请根据表 5-12，计算并填列该食品集团利润逐年增长量与累计增长量。

2. 请根据填列后的表 5-12，计算平均增长量。

自我检测

一、**单选题**（共 5 题，每题 5 分，共 25 分）

1. 根据时期数列，计算平均发展水平用（   ）。

　 A. 首尾折半法　　　B. 简单算术平均法　　　C. 倒数平均法　　　D. 加权算术平均法

2. 某车间月初工人人数资料见表 5-13。

表 5-13 某车间月初工人人数

月份 / 月	1	2	3	4	5	6	7
月初人数 / 人	280	284	280	300	302	304	320

　 则该车间上半年的每月平均人数约为（   ）。

　 A. 296　　　　　　B. 292　　　　　　C. 295　　　　　　D. 300

3. 某地区某年 9 月末的人口数为 150 万人，10 月末的人口数为 150.2 万人，该地区 10 月份的人口平均数为（   ）。

　 A. 150 万人　　　B. 150.2 万人　　　C. 150.1 万人　　　D. 无法确定

4. 动态数列的两发展水平之差称为（   ）。

　 A. 增长量　　　　B. 发展水平　　　C. 发展速度　　　D. 增长速度

5. 增长 1% 的绝对值是（   ）。

　 A. 本期水平的 1%　　　　　　　　　B. 前期水平除以 100

　 C. 本期累计增长量的 1%　　　　　　D. 本期的逐期增长量除以 100

二、**多选题**（共 5 题，每题 5 分，共 25 分）

1. 在时间数列中发展水平包括（   ）。

　 A. 最初水平　　　　　　　　　　　B. 中间水平

　 C. 最末水平　　　　　　　　　　　D. 相对水平

　 E. 平均水平

2. 小时平均数和一般算术平均数的不同之处有（　　　　　）

　　A. 计算方法不同　　　　　　　　　B. 计量单位不同

　　C. 平均对象不同　　　　　　　　　D. 说明问题不同

　　E. 资料来源不同

3. 序时平均数包括（　　　　　）。

　　A. 平均发展水平　　B. 平均增减量　　C. 平均发展速度　　D. 平均增长速度

4. 时间数列的水平指标有（　　　　　）。

　　A. 发展水平　　　　　　　　　　　B. 平均发展水平

　　C. 增长量　　　　　　　　　　　　D. 平均增长量

　　E. 发展速度

5. 增长 1% 的绝对值（　　　　　）。

　　A. 等于前期水平除以 100　　　　　B. 等于逐期增长量除以环比增长速度

　　C. 等于逐期增长量除以环比发展速度　　D. 表示速度增长一个百分点所增加的绝对量

　　E. 表示速度增长一个百分点所增加的相对量

三、判断题（共 5 题，每题 5 分，共 25 分）

（　　）1. 时间数列中的发展水平都是统计绝对数。

（　　）2. 时间间隔相等的间断时点数列序时平均数的计算方法采用简单序时平均法。

（　　）3. 平均发展水平表明现象在整个发展过程中发展变动的中间水平的代表值。

（　　）4. 发展水平是计算其他动态分析指标的基础，它只能用总量指标来表示。

（　　）5. 增长量可以是正值，也可以是负值。

四、综合分析题（共 25 分）

零度奶茶店 2020 年下半年的奶粉库存量统计资料见表 5–14。

表 5–14　零度奶茶店 2020 年下半年的奶粉库存量统计资料

日期	7 月 1 日	8 月 31 日	10 月 31 日	12 月 31 日
奶粉库存量 / 千克	125	112	109	147

1. 分析该序列的特点；

2. 计算零度奶茶店 2020 年下半年的奶粉平均库存量。

任务 5.3　时间序列的速度分析

学习目标

- 认识发展速度指标和增长速度指标的作用和计算方法。
- 能运用速度指标对经济现象的发展状态进行分析。
- 培养对经济现象的发展变化的认知和分析思维。

职业情景

通过小远的汇报，大家都已经对 2020 年上半年的原材料成本变动情况有了更全面的了解，现在企业能否赚钱，除了要对产品成本实施内部控制，更要对销售额进行变动分析。

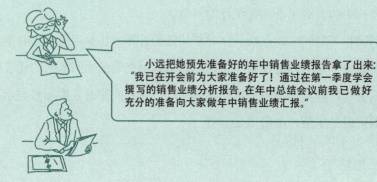

小远把她预先准备好的年中销售业绩报告拿了出来："我已在开会前为大家准备好了！通过在第一季度学会撰写的销售业绩分析报告，在年中总结会议前我已做好充分的准备向大家做年中销售业绩汇报。"

知行联动

时间数列的速度指标是以相对数形式表示的动态分析指标，包括发展速度、增长速度、平均发展速度及平均增长速度。发展速度与增长速度见表 5–15。

表 5-15　发展速度与增长速度

速度指标	计算方式	表示方式	计算结果
发展速度	$\dfrac{某指标报告期数值}{该指标基期数值}$	发展速度一般用百分数表示，当比例数较大时，则用倍数表示较为合适	发展速度大于 100% 表示上升，小于 100% 表示下降
增长速度	$\dfrac{某指标报告期数值 - 该指标基期数值}{该指标基期数值}$	增长速度是比值，通常用百分数表示	增长速度可以是正数，也可以是负数

数据解读

国家统计局数据显示：2021 年 3 月份我国社会消费品零售总额 35 484 亿元，同比增长 34.2%；比 2019 年 3 月份增长 12.9%，两年平均增速为 6.3%。其中，除汽车以外的社会消费品零售额 31 554 亿元，增长 32.5%。扣除价格因素，2021 年 3 月份社会消费品零售总额实际增长 33%，两年平均增长 4.4%。从环比看，3 月份社会消费品零售总额增长 1.75%。

注：同比是指本期与某年同期做对比，环比是指本期与上期做对比。两年平均增速是指以 2019 年相应同期数为基数，采用几何平均的方法计算的增速。

一、发展速度

发展速度是表明社会经济现象发展程度的相对指标，它是根据两个不同时期发展水平对比求得，说明报告期水平是基期水平的几倍或百分之几，常用倍数或百分数来表示。由于采用的基期不同，发展速度又可分为以下两种。

（一）定基发展速度

定基发展速度是指报告期水平与固定时期水平（通常是最初水平）之比，表明社会经济现象在较长时期内总的发展速度，也叫"总速度"，用公式表示为：

$$定基发展速度 = \frac{报告期水平}{固定时期水平} = \frac{a_n}{a_0}$$

（二）环比发展速度

环比发展速度是指报告期水平与前一期水平之比，表明这种社会经济现象逐期的发展速度，用公式表示为：

$$环比发展速度 = \frac{报告期水平}{前期水平} = \frac{a_n}{a_{n-1}}$$

定基发展速度与环比发展速度之间有一定的关系，定基发展速度等于相应各个环比发展速度的连乘积，用公式表示为：

$$\frac{a_n}{a_0} = \frac{a_1}{a_0} \times \frac{a_2}{a_1} \times \cdots \times \frac{a_{n-1}}{a_{n-2}} \times \frac{a_n}{a_{n-1}}$$

活动 5.3.1

◎**活动描述**

销售员核算出零度奶茶店 2020 年上半年产品销售额及各项指标，见表 5–16。

表 5–16　零度奶茶店 2020 年上半年产品销售额分析表（2）

时间	1 月	2 月	3 月	4 月	5 月	6 月
	a_0	a_1	a_2	a_3	a_4	a_5
销售额 / 元	22 800.00	25 800.00	31 200.00	30 300.00	34 780.00	42 350.00
逐期增长量 / 元	—	3 000.00	5 400.00	−900.00	4 480.00	7 570.00
累计增长量 / 元	—	3 000.00	8 400.00	7 500.00	11 980.00	19 550.00
环比发展速度 /%	—	113.16		97.12	114.79	121.77
定基发展速度 /%	—	113.16	136.84	132.89		185.75

注：表格中计算结果四舍五入保留两位小数。

◎**活动要求**

请根据奶茶店 2020 年上半年产品销售额，将表 5–16 中的数据补充完整，并进行分析。

◎**活动实施**

步骤 1：计算零度奶茶店销售额 2020 年 3 月的环比发展速度和 2020 年 5 月的定基发展速度。

$$2020 \text{ 年 3 月的环比发展速度} = \frac{31\ 200}{25\ 800} \times 100\% \approx 120.93\%$$

$$2020 \text{ 年 5 月的定基发展速度} = \frac{34\ 780}{22\ 800} \times 100\% \approx 152.54\%$$

步骤 2：定基发展速度与环比发展速度两者之间的关系分析。

定基发展速度等于同时期内相应的各环比发展速度的连乘积，在表 5–16 中，零度奶茶店销售额 2020 年 6 月为 2020 年 1 月的 185.75%，是等于这一段时期内各环比发展速度的连乘积。

两个相邻时期的定基发展速度之商等于相应时期的环比发展速度，在表 5–16 中，2020 年 6 月的定基发展速度除以 2020 年 5 月的定基发展速度，等于 2020 年 6 月的环比发展速度，即：121.77%=185.75%÷152.54%。

计算结果表明，环比发展速度反映零度奶茶店 3 月份销售额是 2 月份的 120.93%，定基发展速度反映零度奶茶店 5 月份销售额是 1 月份的 152.54%。

二、增长速度

增长速度是表明社会经济现象增长程度的相对指标，它是根据增长量与其基期水平对比求得，说明报告期水平比基期水平增加了几倍或百分之几。增长速度与发展速度之间存在一定的数量关系，用公式表示为：

$$增长速度 = \frac{增长量}{基期水平} = \frac{报告期水平 - 基期水平}{基期水平} = \frac{报告期水平}{基期水平} - 1 = 发展速度 - 1$$

若发展速度大于 1，则增长速度为正值，表示这种社会经济现象增长的程度；若发展速度小于 1，则增长速度为负值，表示这种社会经济现象降低的程度。

增长速度由于所采用的基期不同，可分为定基增长速度和环比增长速度。用公式表示为：

$$定基增长速度 = 定基发展速度 - 1 = \frac{累计增长量}{固定基期水平}$$

$$环比增长速度 = 环比发展速度 - 1 = \frac{逐期增长量}{前一期水平}$$

活动 5.3.2

◎**活动描述**

销售员核算出零度奶茶店 2020 年上半年产品销售额及各项指标，见表 5–17。

表 5–17　零度奶茶店 2020 年上半年产品销售额分析表（3）

时间	1 月	2 月	3 月	4 月	5 月	6 月
	a_0	a_1	a_2	a_3	a_4	a_5
销售额 / 元	22 800.00	25 800.00	31 200.00	30 300.00	34 780.00	42 350.00
逐期增长量 / 元	—	3 000.00	5 400.00	–900.00	4 480.00	7 570.00
累计增长量 / 元	—	3 000.00	8 400.00	7 500.00	11 980.00	19 550.00
环比发展速度 /%	—	113.16	120.93	97.12	114.79	121.77
定基发展速度 /%	—	113.16	136.84	132.89	152.54	185.75
环比增长速度 /%	—	13.16		–2.88	14.79	21.77
定基增长速度 /%	—	13.16	36.84	32.89		85.75

◎**活动要求**

请根据零度奶茶店 2020 年上半年产品销售额，将表 5–17 中的数据补充完整，并进行分析。

◎**活动实施**

步骤 1：计算零度奶茶店销售额 2020 年 3 月的环比增长速度和 2020 年 5 月的定基增长速度。

$$2020 \text{ 年 3 月的环比增长速度} = \frac{31\ 200}{25\ 800} \times 100\% - 1 = 120.93\% - 1 = 20.93\%$$

$$2020 \text{ 年 5 月的定基增长速度} = \frac{34\ 780}{22\ 800} \times 100\% - 1 = 152.54\% - 1 = 52.54\%$$

步骤 2：根据零度奶茶店 2020 年上半年产品销售额计算的发展速度和增长速度做综合分析。

1. 环比发展速度和环比增长速度分析

（1）零度奶茶店 2020 年 2 月销售额比 2020 年 1 月销售额的发展速度为 113.16%，增长了 13.16%，绝对数增加了 3 000 元；

（2）零度奶茶店 2020 年 3 月销售额比 2020 年 2 月销售额的发展速度为 120.93%，增长了 20.93%，绝对数增加了 5 400 元；

（3）零度奶茶店 2020 年 4 月销售额比 2020 年 3 月销售额的发展速度为 97.12%，降低了 2.88%，绝对数减少了 900 元；

（4）零度奶茶店 2020 年 5 月销售额比 2020 年 4 月销售额的发展速度为 114.79%，增长了 14.79%，绝对数增加了 4 480 元；

（5）零度奶茶店 2020 年 6 月销售额比 2020 年 5 月销售额的发展速度为 121.77%，增长了 21.77%，绝对数增加了 7 570 元。

2. 定基发展速度和定基增长速度分析

零度奶茶店 2020 年 6 月销售额比 2020 年 1 月销售额的总发展速度为 185.75%，增长了 85.75%，绝对数增加了 19 550 元。

从定基增长速度分析，可以看出零度奶茶店的销售额呈增长状态。从环比增长速度分析，可以看出零度奶茶店每月较上月的增长程度多数月份呈增长状态，偶有降低。

三、平均发展速度

平均发展速度是一种根据环比发展速度计算的序时平均数，表明社会经济现象在一个较长的时期内逐期平均发展变化的程度。

其计算公式为：

$$\bar{x} = \sqrt[n]{\frac{a_n}{a_0}} = \sqrt[n]{x_1 \cdot x_2 \cdot \ldots \cdot x_n} = \sqrt[n]{R}$$

式中，$\bar{x}$ 为平均发展速度；

a_0 为最初水平；

a_n 为最末水平；

n 为环比发展速度的项数；

$x_1 \cdot x_2 \cdot \ldots \cdot x_n$ 为各期环比发展速度；

R 为总速度。

四、平均增长速度

平均增长速度表明社会经济现象逐期平均增长变化的程度，它不能根据各个环比增长速度直接求得，但与平均发展速度存在着一定的数量关系，即

$$平均增长速度 = 平均发展速度 - 1$$

活动 5.3.3

◎**活动描述**

销售员核算出零度奶茶店 2020 年上半年产品销售额及各项指标，见表 5–18。

表 5–18　零度奶茶店 2020 年上半年产品销售额分析表（4）

时间	1 月	2 月	3 月	4 月	5 月	6 月
	a_0	a_1	a_2	a_3	a_4	a_5
销售额 / 元	22 800.00	25 800.00	31 200.00	30 300.00	34 780.00	42 350.00
逐期增长量 / 元	—	3 000.00	5 400.00	−900.00	4 480.00	7 570.00
累计增长量 / 元	—	3 000.00	8 400.00	7 500.00	11 980.00	19 550.00
环比发展速度 /%	—	113.16	120.93	97.12	114.79	121.77
定基发展速度 /%	—	113.16	136.84	132.89	152.54	185.75
环比增长速度 /%	—	13.16	20.93	−2.88	14.79	21.77
定基增长速度 /%	—	13.16	36.84	32.89	52.54	85.75

◎**活动要求**

请根据表 5–18，计算出零度奶茶店上半年产品销售额的平均发展速度和平均增长速度，并进行分析。

◎**活动实施**

计算 2020 年 1 月至 2020 年 6 月的平均发展速度：

$$\bar{x} = \sqrt[5]{113.16\% \times 120.93\% \times 97.12\% \times 114.79\% \times 121.77\%} \approx 113.18\%$$

或

$$\bar{x} = \sqrt[5]{\frac{42\,350}{22\,800}} \approx 113.18\%$$

或

$$\bar{x} = \sqrt[5]{185.75\%} \approx 113.18\%$$

平均增长速度＝平均发展速度 –1 = 113.18% –1 = 13.18%

由平均发展速度和平均增长速度计算结果分析得出，零度奶茶店的销售额在这半年中稳步递增。

技能提升

时间数列的速度指标主要包括发展速度、平均发展速度、增长速度及平均增长速度等。在计算速度指标时，可借助 Excel 办公软件中的 POWER 函数对数据进行快速计算。下面利用 POWER 函数计算月平均销售额。

Excel 计算时间序列的速度指标

（1）认识 POWER 函数。

①功能：求出所有单元格的算术平均值。

②表达式：POWER（number，power）

③语法格式：POWER（底数，幂值）

（2）活动步骤：

①参照活动 5.3.3，打开技能提升素材文件夹中的"任务 5.3"工作簿，"活动 5.3.3"工作表。

②计算零度奶茶店销售额的环比发展速度。在图 5-7 所示的表格中，单击 C7 单元格，输入公式"=C4/B4*100"，按回车键，显示结果"113.16"。然后使用填充柄功能按住鼠标左键向右拖至"G7"单元格，可得到环比发展速度的值。

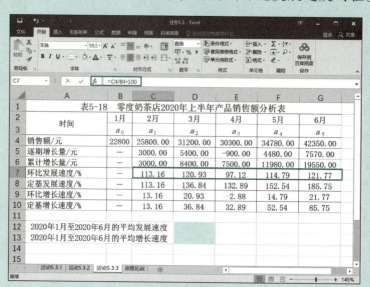

图 5-7　计算零度奶茶店销售额的环比发展速度

③计算零度奶茶店销售额的定基发展速度。单击 C8 单元格，输入公式"=C4/\$B\$4 * 100"，按回车键后可得结果，然后使用填充柄功能按住鼠标左键向右拖至"G8"单元格，可以得到定基发展速度的值。

④计算零度奶茶店销售额的环比增长速度。单击 C9 单元格，输入公式"=C7–100"按回车键后可得结果。然后使用填充柄功能按住鼠标左键向右拖至"G9"单元格，可得到环比增长速度的值。

⑤计算零度奶茶店销售额的定基增长速度。单击 C10 单元格，输入公式"=C6/\$B4*100"按回车键后可得结果。然后使用填充柄功能按住鼠标左键向右拖至"G10"单元格，可得到定基增长速度的计算结果。

⑥计算零度奶茶店销售额的平均发展速度。单击 D12 单元格，输入公式"=POWER（（G4/B4），1/5）"，按回车键，显示销售额平均发展速度的计算结果为"113.18%"，见图 5–8。

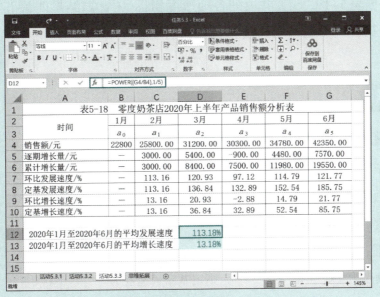

图 5–8　计算零度奶茶店销售额的平均发展速度

⑦计算零度奶茶店销售额的平均增长速度。单击 D13 单元格，输入公式"=D12–1"，按回车键后可得到销售额平均增长速度为 13.18%。

思维拓展

众所周知，居民人均可支配收入是一个统计指标，指居民能够自由支配的收入，即从居民家庭总收入中扣除了缴纳给国家的各项税费及缴纳的各项社会保险如医疗保险、养老保险、失业保险等之后剩余的收入。

　　居民人均可支配收入指标是国民经济决策的重要依据，它反映的是居民平均可支配收入水平，它标志着居民即期消费能力，即用于消费、投资，购买股票、基金及存款的能力，这个指标增长得越快，反映人民生活水平提高越快，消费能力越强。我国 2016—2020 年居民人均可支配收入见表 5-19。

表 5-19　我国 2016—2020 年居民人均可支配收入

指标	2016 年	2017 年	2018 年	2019 年	2020 年
居民人均可支配收入 / 元	23 821.00	25 974.00	28 228.00	30 733.00	32 189.00
逐期增长量 / 元					
累计增长量 / 元					
环比发展速度 /%					
定基发展速度 /%					
环比增长速度 /%					
定基增长速度 /%					

　　要求：1. 请根据表 5-19，计算并填列各项速度指标。（计算结果四舍五入，保留两位小数）

　　　　　2. 请根据填列后的各项速度指标进行分析。

自我检测

一、单选题（共 5 题，每题 5 分，共 25 分）

1. 发展速度属于（　　）。

　　A. 比例相对数　　　　B. 比较相对数　　　　C. 动态相对数　　　　D. 强度相对数

2. 计算发展速度的分母是（　　）。

　　A. 报告期水平　　　　B. 基期水平　　　　C. 实际水平　　　　D. 计划水平

3. 若环比增长速度为 2%、4%、6%、8%，则定基增长速度为（　　）。

　　A. 2%×4%×6%×8%　　　　　　　　　　B. 2%×4%×6%×8%−1

　　C. 102%×104%×106%×108%　　　　　　D. 102%×104% ×106%×108%−1

4. 平均发展速度是（　　）。

　　A. 各环比发展速度的算术平均数　　　　B. 各环比发展速度的几何平均数

　　C. 各环比发展速度的调和平均数　　　　D. 各环比发展速度的连乘积减 1

5. 动态数列的两发展水平之比称为（　　）。

　　A. 发展水平　　　　B. 发展速度　　　　C. 增长量　　　　D. 增长速度

二、多选题（共 5 题，每题 5 分，共 25 分）

1. 增长速度（　　　　）。

　　A. 是增长量与基期水平之比　　　　　　B. 等于发展速度减 1

C. 包括定基增长速度和环比增长速度   D. 可用倍数表示

2. 下列说法正确的有（   ）。

  A. 平均增长速度大于平均发展速度   B. 平均增长速度小于平均发展速度

  C. 平均增长速度 = 平均发展速度 –1   D. 平均发展速度 = 平均增长速度 –1

  E. 平均发展速度 × 平均增长速度 =1

3. 定基增长速度等于（   ）。

  A. 累计增长量除以基期水平   B. 环比增长速度的连乘积

  C. 环比发展速度的连乘积减 1   D. 定基发展速度减 1

  E. 逐期增长量分别除以基期水平

4. 已知各时期环比发展速度和时期数，就可计算（   ）。

  A. 平均发展速度   B. 平均发展水平

  C. 各期定基发展速度   D. 各期逐期增长量

  E. 累计增长量

5. 用水平法计算平均发展速度时，被开方的数有（   ）。

  A. 环比发展速度的连乘积   B. 定基发展速度的连乘积

  C. 基期发展水平与报告期发展水平之比   D. 报告期发展水平与基期发展水平之比

三、判断题（共 5 题，每题 5 分，共 25 分）

（   ）1. 发展速度可以为负值。

（   ）2. 只有增长速度大于 100% 才能说明事物的变动是增长的。

（   ）3. 平均增长速度可以直接根据环比增长速度来计算。

（   ）4. 环比增长速度的连乘积等于定基增长速度。

（   ）5. 增长 1% 的绝对值等于前期水平除以 100。

四、综合分析题（共 25 分）

某电商品牌 2019 年 6—9 月及 2020 年 6—9 月访客数见表 5–20。

表 5–20   某电商品牌 2019 年 6—9 月及 2020 年 6—9 月访客数

时间	2019 年 6 月	2019 年 7 月	2019 年 8 月	2019 年 9 月
访客人数 / 人	1 543	1 622	1 770	1 833
时间	2020 年 6 月	2020 年 7 月	2020 年 8 月	2020 年 9 月
访客人数 / 人	2 106	2 338	2 642	2 896

（1）2020 年 9 月，该电商品牌访客数同比发展速度是多少？

（2）2020 年 9 月，该电商品牌访客数环比发展速度是多少？

任务 5.4 长期趋势和季节变动分析

学习目标

- 认识时间数列趋势分析的含义和种类。
- 会长期趋势分析的测定方法。
- 能运用时间数列指标分析经济活动发展的长期趋势和季节规律。
- 培养对经济现象的发展变化的认知和分析思维。

职业情景

经过 2020 年一年兢兢业业、勤勤恳恳的经营，零度奶茶店获得了喜人的销售业绩和利润，元旦这一天，大家聚在一起开庆祝会，并满怀期待地对新的一年进行了展望。

亲们！我们的零度奶茶店在2020年的经营情况非常好，获得了喜人的销售业绩和利润，真是太让人骄傲了！我相信2021年我们一定能保持这样的发展趋势，小远，我们可以做一下预测吗？

没问题啊！我们可以对2020年的销售业绩和利润的动态数据进行发展趋势的分析和测定。

知行联动

时间序列分析的任务除编制时间序列，计算增长量、发展速度、增长速度、平均速度等分析指标，并通过这些指标来研究现象的发展规律外，还要消除一些非本质的偶然因素的影响。通过研究现象的长期趋势和季节变动，使用数学模型来表明客观现象的长期趋势和季节变动的具体情况，据以预测现象未来的数量特征。

一、长期趋势的测定

长期趋势是指客观现象在相当长的时期内发展过程表现为不断增长或下降的总趋势，也可以表现为只围绕着某一常数值而无明显增减变化的水平趋势。

数据解读

近年来随着我国对农林牧渔业的重视不断增强，不断增加对其科技投入，从较长期来看，农林牧渔业总产值是持续增加、向上发展的，见图 5-9。

图 5-9　2016—2020 年农林牧渔业总产值

数据来源：国家统计局

认识和掌握事物的长期发展趋势，可以把握事物发展变化的基本特点。长期趋势测定的常用方法有时距扩大法、移动平均法和数学模型法。

（一）时距扩大法

时距扩大法是把原有动态数列中各时期的数值加以合并，扩大每期所包括的时间，得出较长时距的数值，形成一个新的时间序列，以消除原数列受偶然因素影响而引起的波动，清楚地显示现象发展趋势的方法。

活动 5.4.1

◎**活动描述**

零度奶茶店销售员统计 2020 年各月的销售额情况，见表 5-21。

表 5-21　零度奶茶店 2020 年各月销售额情况表（1）

时间	1月	2月	3月	4月	5月	6月	7月	8月	9月	10月	11月	12月
销售额 / 万元	2.28	2.58	3.12	3.03	3.48	4.24	4.63	5.44	5.32	5.86	6.26	7.31

◎**活动要求**

请运用时距扩大法设计新的序列，并进行趋势分析。

◎**活动实施**

步骤 1：表 5–21 中各月的销售额有升有降，现象变化不明显，采用时距扩大法，将时距由月扩大到季度，依次把每个季度中各月的销售额累加，得到一个新的时间序列。见表 5–22。

表 5–22　零度奶茶店 2020 年各季度销售额情况表

时间	一季度	二季度	三季度	四季度
销售额 / 万元	7.98	10.75	15.39	19.43

步骤 2：通过时距扩大法得到的新时间序列可以发现，原来数列有升有降的波动消失了，销售额逐季上升的趋势呈现出来了。

（二）移动平均法

移动平均法是在扩大时距后，采用逐期递推移动的方法来计算扩大时距的序时平均数，构成一个新的序时平均数的动态数列，以削弱原来数列中短期不规则变动的影响，显示动态数列的基本趋势。移动平均法有奇数移动平均和偶数移动平均两种计算方式。

奇数移动平均所得的数值放在中间一项的位置上，一次平均即可得到趋势值，偶数项移动平均所得的数值放在中间两项位置中间，它需要再进行一次两项移动平均，才能得到与时期相对应的趋势值。

活动 5.4.2

◎**活动描述**

零度奶茶店销售员记录 2020 年各月的销售额情况，见表 5–23。

表 5–23　零度奶茶店 2020 年各月销售额情况表（2）　　　　　　单位：万元

月份	销售额	奇数（三项）移动平均	偶数（四项）移动平均	四项修正平均
1	2.28	—	—	—
2	2.58	2.66	2.75	—
3	3.12	2.91	3.05	2.90
4	3.03	3.21	3.47	3.26
5	3.48	3.58	3.85	3.65

续表

月份	销售额	奇数（三项）移动平均	偶数（四项）移动平均	四项修正平均
6	4.24	4.12	4.45	4.15
7	4.63	4.77	4.91	4.68
8	5.44	5.13	5.31	5.11
9	5.32	5.54	5.72	5.52
10	5.86	5.81	6.19	5.95
11	6.26	6.48	6.48	6.33
12	7.31	6.79	6.79	6.63

注：表中移动平均数为四舍五入保留两位小数。

◎**活动要求**

请运用移动平均法设计新的序列，并进行趋势分析。

◎**活动实施**

步骤 1：表 5–23 中各月的销售额有升有降，现象变化不明显，采用移动平均法。

用奇数（三项）移动平均法求得第一项 $= \dfrac{2.28 + 2.58 + 3.12}{3} = 2.66$，与 2 月份的数字相对应，其他的依次类推。

用偶数（四项）移动平均法求得第一项 $= \dfrac{2.28 + 2.58 + 3.12 + 3.03}{4} \approx 2.75$

将其放在第二个月的数字与第三个月的数字之间，其他的依次类推。这样组成的新数列中，每个值都错后半期，再采用修正办法将每个用偶数项计算出的移动平均数下移半期，或再进行一次两项移动平均，使之与具体的时间相对应（表 5–23 中的四项修正平均）。

步骤 2：这一系列移动平均法计算的新数列，可以明显看出零度奶茶店各月销售额变动的总趋势。

采用移动平均法所计算的新数列比原动态数列的项数要少。一般情况下，被移动平均的项数越多，修匀的作用就越大，而所得的移动平均数就越少；反之，被移动平均的项数越少，修匀的作用就越小，所得的移动平均数就越多。因此，时距的选择要适中，否则不利于揭示现象的发展趋势，数列如果存在自然周期，应根据自然周期确定被移动平均的项数。

（三）数学模型法

数学模型法是测定长期趋势及预测最普遍采用的方法，它是利用回归分析的成果，建立数学模型，对原动态数列配合适当的趋势线进行修匀，以表现动态数列长期趋势的一种方法。

如果时间数列逐期增长量相对稳定，即现象发展水平按相对固定的绝对量变化，则采用直线（线性函数）作为趋势线，来描述趋势变化，预测前景。

以时间因素作为自变量（t），将数列发展水平作为因变量（y），拟合的直线趋势方程为：

$$y_c = a + bt$$

参数 a、b 的求法，常用最小平方法，又称最小二乘法。最小平方法是分析和预测现象长期趋势常用的方法之一，本书只介绍最小平方法。它的基本思想如下。

（1）通过对原始数列的数字处理，拟合一条比较理想的趋势直线或趋势曲线，使原数列各实际值与趋势值的离差平方和为最小。

（2）实际值与趋势值离差总和等于零。用公式表示为：

$$\sum \left(y - y_c\right)^2 = 0$$

式中：y 为实际值；

y_c 为趋势值。

通过以上方程式求解可得其参数的计算公式为：

$$a = \bar{y} - b\bar{t}$$

$$b = \frac{n\sum ty - \sum t \sum y}{n\sum t^2 - \left(\sum t\right)^2}$$

式中：y 为数列发展水平因变量；

t 为时间自变量；

$\bar{y}$ 为 y 的平均数；

$\bar{t}$ 为 t 的平均数；

n 为项数。

活动 5.4.3

◎活动描述

零度奶茶店 2020 年下半年销售额情况见表 5–24。

表 5–24   零度奶茶店 2020 年下半年销售额情况表

时间	7 月	8 月	9 月	10 月	11 月	12 月
销售额 / 万元	4.63	5.44	5.32	5.86	6.26	7.31

◎**活动要求**

请运用数学模型法设计新的序列，并进行趋势分析。

◎**活动实施**

步骤 1：表 5–24 中，数列项数 $n=6$，在表 5–25 中计算 $\sum y$、$\sum t$、$\sum t^2$、$\sum ty$ 等的数值，再将其代入参数 a，b 的公式，得

$$b = \frac{6 \times 130.07 - 21 \times 34.82}{6 \times 91 - 21^2} \approx 0.47$$

$$a = \frac{34.82}{6} - 0.47 \times \frac{21}{6} \approx 4.16$$

步骤 2：所拟合的直线方程为

$$y_c = 4.16 + 0.47t$$

将表 5–24 中的 t 代入此式，可得出新的数列，见表 5–25，这就是长期趋势。

表 5–25　零度奶茶店 2020 年下半年销售额情况趋势表（1）

时间	销售额 y / 万元	时间序号 t	计算栏		
			t^2	ty	y_c
7 月	4.63	1	1	4.63	4.63
8 月	5.44	2	4	10.88	5.10
9 月	5.32	3	9	15.96	5.57
10 月	5.86	4	16	23.44	6.04
11 月	6.26	5	25	31.30	6.51
12 月	7.31	6	36	43.86	6.98
合计	34.82	21	91	130.07	34.83

步骤 3：当 $t=7$ 时，可以预测 2021 年 1 月的销售额为 7.45 元。

为了简化计算过程，两参数还可以采用简捷法（即假定零点法）计算。由于直线趋势模型中 t 的为时间序号，因而可以设在任一时间原点（记作 0），当我们把时间数列的原点移至数列中间时，则 $t=0$。在奇数项的条件下，数列中间一项为原点，记作 0，前后两端的时间序号按正负对称设置，即按…，–5，–4，–3，–2，–1，0，1，2，3，4，5，…设置，两头延伸；在偶数项的条件下，数列中间两项的中点为原点，则时间序号分别按…，–5，–3，–1，1，3，5，…设置，两头延伸。由于 $\sum t = 0$，上述参数求解方法便可以简化为：

$$a = \frac{\sum y}{n}, \quad b = \frac{\sum ty}{\sum t^2}$$

活动 5.4.4

◎**活动描述**

零度奶茶店 2020 年下半年销售额情况见表 5–24。

◎**活动要求**

请运用数学模型法设计新的序列，并进行趋势分析。

◎**活动实施**

步骤 1：表 5–24 中，数列项数 $n=6$，用简捷法计算，$\sum t=0$，在表 5–26 中计算 $\sum y$、$\sum t^2$、$\sum ty$ 的数值，并将其代入 a、b 的简捷计算公式，得

$$a = \frac{34.82}{6} \approx 5.80$$

$$b = \frac{16.4}{70} \approx 0.23$$

步骤 2：所拟合的直线方程为

$$y_c = 5.80 + 0.23t$$

根据表 5–24 的资料，用简捷法计算，结果见表 5–26。

表 5–26　零度奶茶店 2020 年下半年销售额情况趋势表（2）

时间	销售额 y/ 万元	时间序号 t	计算栏		
			t^2	ty	y_c
7 月	4.63	–5	25	–23.15	4.631 88
8 月	5.44	–3	9	–16.32	5.100 46
9 月	5.32	–1	1	–5.32	5.569 04
10 月	5.86	1	1	5.86	6.037 62
11 月	6.26	3	9	18.78	6.506 20
12 月	7.31	5	25	36.55	6.974 78
合计	34.82	0	70	16.40	34.820 00

注：为呈现计算结果数据取近似数，若在 Excel 中运算则不存在导致误差的可能。

步骤 3：由此可见，用简捷法计算的各年趋势预测值与一般方法计算结果相同。

二、季节变动的分析

季节变动分析是指以月份或季度为时间观察单位，对时间序列数据及其随时间变化而呈现周期性变动的规律进行的探索与分析。我们在日常生活中听到的"销售旺季""销售淡季""旅游旺季""旅游淡季"等术语正是季节变动分析后得出的结论。

"季节变动"中的"季节"是一个广义的概念，它不仅仅是一个季度、一个月或者一周的概念，而是指任何一种在一定期间内具有某种规律性的波动。在现实生活中，季节变动是一种普遍的现象。例如：商业经营中时令商品的销售量；农业生产中的蔬菜、水果、禽蛋的生产量；工业生产中水力发电量等，都受生产条件和气候变化等因素的影响而形成有规律的周期性重复变动。

数据解读

表 5-27 为某风景名胜 2019 年度游客人数统计。

表 5-27　某风景名胜 2019 年度游客人数统计　　　　　　　单位：万人

总人数	1 月	2 月	3 月	4 月	5 月	6 月	7 月	8 月	9 月	10 月	11 月	12 月
1 466	55	116	108	159	135	119	109	143	128	179	132	83

由表 5-27 可见，该景区 4 月和 10 月的进山人数是最多的，并且能看到旺季及淡季的明显变化。

测定季节变动对实际工作有重要意义。首先，掌握了季节变动的规律性，有利于指导工作。研究社会经济现象的季节变动的主要目的，就是考察在一定历史条件下已经形成的季节变动的规律性，掌握其变动的幅度，这不仅有助于有关部门和企业制订计划，合理组织货源，准备原材料进行生产，有效地使用资金，取得较好的经济效益，而且可以提高为人民经济生活服务的质量。其次，可根据季节变动规律性进行经济预测。季节变动的规律性强，可据此进行短期预测，得到比较准确的结果。最后，利用季节变动规律配合长期趋势进行长期预测，可以大大提高预测的准确性。

技能提升

时间数列中各项指标数值的变动受多种因素影响，概括起来主要有长期趋势、季节变动等，在长期趋势中应用移动平均法计算时，可借助 AVERAGE 函数对数据进行快速计算。下面借助 AVERAGE 函数对数据进行长期趋势中应用移动平均法的计算。

（1）AVERAGE 函数在模块四中已介绍，在此不再赘述。

（2）活动步骤如下。

①打开技能提升素材文件夹中的"任务 5.4"工作簿，"活动 5.4.2"工作表。

②单击"C4"单元格，输入公式"=AVERAGE（B3:B5）"，按回车键，显示计算结果为"2.66"。然后双击填充柄，可得各月三项移动平均值的计算结果，见图 5-10。

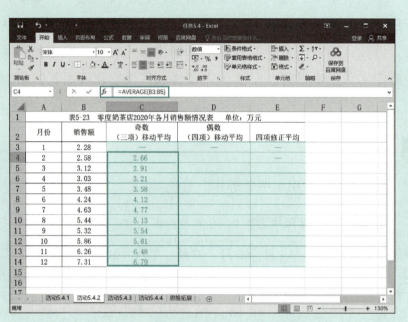

图 5-10　各月三项移动平均值的计算结果

③单击"D4"单元格，输入公式"= AVERAGE（B3：B6）"，按回车键，显示计算结果为"2.75"。然后双击填充柄，可得各月四项移动平均值的计算结果。

④单击"E5"单元格，输入公式"=AVERAGE（D4：D5）"，按回车键，显示计算结果为"2.90"，双击填充柄功能，可得到各月四项修正移动平均值的计算结果。

零度奶茶店 2020 年各月销售额时间数列的移动平均值的计算结果见图 5-11。

图 5-11　零度奶茶店 2020 年各月销售额时间数列的移动平均值的计算结果

思维拓展

近年来，我国化妆品市场成为全球增速最快的市场，我国化妆品零售总额从 2015 年的 2 049 亿元增长到了 2020 年的 3 400 亿元，具体见图 5–12。

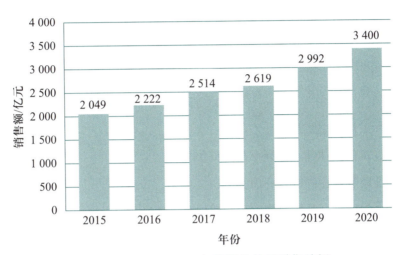

图 5–12 2015—2020 年我国化妆品零售总额

1. 请绘制 2015—2020 年全国化妆品零售总额的变化趋势线。
2. 预测 2021 年的全国化妆品零售总额可以使用哪些方法？
3. 采用数学模型法计算 2021 年我国化妆品零售总额的预测值。

自我检测

一、单选题（共 3 题，每题 5 分，共 15 分）

1. 在测定长期趋势的方法中，可以形成数学模型的是（　　　）。

　　A. 时距扩大法　　　B. 移动平均法　　　C. 最小平方法　　　D. 季节指数法

2. 数学模型法利用（　　）成果，建立数学模型。

　　A. 回归分析　　　B. 可行性分析　　　C. 因素分析　　　D. 二次分析

3. 用简捷法计算的各年趋势预测值与一般方法计算的结果（　　　）。

　　A. 转换计算后相同　　B. 差异稳定　　　C. 不相同　　　D. 相同

二、多选题（共 5 题，每题 5 分，共 25 分）

1. 直线趋势方程 $y_c = a + bt$ 中的参数 b 表示（　　　　）。

　　A. 趋势值　　　　　　　　　　　　　B. 趋势线的截距

C. 趋势线的斜率　　　　　　　　D. 当 t 变动一个单位时 y 平均增减的数值

2. 长期趋势测定常用的方法有（　　　　）。

A. 时距扩大法　　　　B. 移动平均法　　　　C. 数学模型法　　　　D. 最小平方法

3. 一般情况下，被移动平均的项数越多，（　　　　）。

A. 修匀的作用就越大　　　　　　　　B. 修匀的作用就越小

C. 所得的移动平均数就越少　　　　　D. 所得的移动平均数就越多

4. 移动平均法有（　　　　）两种计算方式。

A. 常数移动平均　　　　　　　　　　B. 自然数移动平均

C. 奇数移动平均　　　　　　　　　　D. 偶数移动平均

5. 季节变动对实际工作的重要意义有（　　　　）。

A. 掌握了季节变动的规律性，有利于指导工作

B. 可根据季节变动规律性进行经济预测

C. 利用季节变动规律配合长期趋势进行长期预测，可以大大提高预测的准确性

D. 掌握现象的规律性，就能够妥善组织安排好活动，满足各方面需要

三、判断题（共 5 题，每题 5 分，共 25 分）

（　　　）1. 时点数列不宜用间隔扩大法来对数列进行修匀。

（　　　）2. 采用移动平均法所计算的新数列比原动态数列的项数要少。

（　　　）3. 一般情况下，被移动平均的项数越多，修匀的作用就越小。

（　　　）4. 被移动平均的项数越多，所得的移动平均数就越少。

（　　　）5. 数列如果存在自然周期，应根据周期确定被移动平均的项数。

四、综合分析题（共 35 分）

1. 某工业企业 2017—2020 年各季度产品产量见表 5-28。（20 分）

表 5-28　某工业企业 2017—2020 年各季度产品产量

年份 / 年	2017				2018				2019				2020			
季度	一	二	三	四	一	二	三	四	一	二	三	四	一	二	三	四
产量 / 台	26	36	10	16	28	36	12	20	32	44	16	24	38	50	30	34

请用时距扩大法整理出新的时间数列，得出分析结论。

2.某企业在某地区的电动车销售额见表 5-29。（15 分）

表 5-29　某企业在某地区的电动车销售额

年份 / 年	销售额 y / 万元	时间序号 t	计算栏		
			t^2	ty	y_c
2015	5.1				
2016	5.9				
2017	6.7				
2018	7.6				
2019	8.4				
2020	9.3				

请使用数学模型的最小平方法求出其直线方程，并预测 2021 年某企业在该地区的电动车销售额。

课堂思政

聚焦重点难点　描绘文化和旅游市场蓝图
——摘选、改编自文化和旅游部官网

2020 年新年伊始，原本是旅游旺季的时节，由于受新冠肺炎疫情冲击，我国旅游业不但没有迎来春天，反而是经历了一场前所未有的寒冬。图 5-13、图 5-14 是 2016 年至 2020 年各年国内旅游总花费及国内游客人数折线图，从图中可以看出，无论是国内旅游总花费还是国内游客人数都呈现出断崖式下跌的态势。

图 5-13　2016—2020 年国内旅游总花费

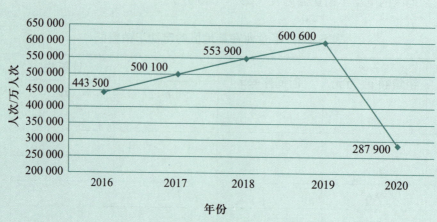

图 5-14 2016—2020 年国内游客人次

2021 年 5 月 17 日，文化和旅游部印发《"十四五"文化和旅游市场发展规划》（以下简称《规划》）。《规划》立足新发展阶段，贯彻新发展理念，构建新发展格局，以建设高标准现代文化和旅游市场体系为目标，对"十四五"时期文化和旅游市场发展做出系统部署，描绘了"十四五"时期文化和旅游市场发展蓝图。

《规划》一经发布便引起业界广泛关注，其中旅行社、星级饭店转型升级，旅游民宿培育，"不合理低价游"综合整治，信用体系建设，服务质量监管和提升体系，安全生产保障体系，提升服务质量，建强导游队伍等内容受到旅游业界及社会各界的广泛关注。

纵然国内旅游业受新冠肺炎疫情影响很大，但我们相信在国家如此清晰的规划指导下，必将"纵有乌云遮万籁，还留明月照乾坤"。

思政目标：

1. 学会动态观察和分析经济活动现象。

2. 培养用辩证、发展的眼光看待问题。

小组讨论：

历经新冠肺炎疫情洗礼，旅游业的韧性已经在重建期和复苏期被验证。请思考：

1. 按照"十四五"文化和旅游市场发展规划的蓝图，我国旅游业在未来五年会画出怎样的趋势线？

2. 新冠肺炎疫情防控常态下，旅游业应如何谋求发展？

模块六 | 统计指数分析

在日常统计工作中，统计指数是最常见的数字之一，经常出现在各种各样的媒体中。我们经常听到与居民生活息息相关的气象生活指数、身体质量指数（BMI）、消费者价格指数、零售物价指数、股票指数、房价指数等。

本模块通过"认识统计指数""综合法总指数编制与分析"两个任务，掌握个体指数与综合指数的计算方法，建立指数体系进行因素分析，测定复杂社会经济现象总体变动中，各因素变动对总体变动的影响方向及影响程度，并对经济现象变化进行综合评价，提升对经济数据内在联系的分析思维。本模块知识点思维导入见图6–1。

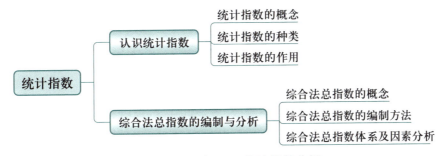

图6–1 统计指数分析

任务 6.1 认识统计指数

学习目标

- 知道统计指数的概念及作用。
- 能辨别统计指数的种类。
- 能根据相关资料编制个体指数。
- 培养对经济数据内在联系的分析思维。

　　由于原料价格变化，2021年年初零度奶茶店部分产品价格进行了调整，珍珠奶茶由8元/杯调整为8.5元/杯，芝士奶茶由10元/杯调整为9.5元/杯。同时，也调整了产品结构，增加了炸鸡翅与爆米花两种新产品。2021年下半年，零度奶茶店为了扩大市场、吸引人气、树立品牌，做了很多促销活动。小锋和小辉两个合伙人都想知道上下半年的销售量、销售价格、单位成本的动态变化情况，分析促销活动对奶茶店的经营业绩产生了怎样的影响。

　　没问题，我们现在对各种产品的销售量、销售价格、单位成本个体指数进行计算与分析，看看上下半年的销售量、销售价格、单位成本是上升了还是下降了，促销活动对我们奶茶店的经营业绩有何影响。

知行联动

一、统计指数的概念

　　统计指数简称指数，其含义有广义与狭义之分，主要分析社会经济现象的动态变化。广义的指数是指同类指标在不同时间或不同空间上对比的相对数。狭义的指数是指综合反映不能直接相加的社会经济现象总体在数量上总变动程度的一种特殊相对数。

数据解读

　　国家统计局数据显示：2021年6月，全国居民消费价格同比上涨1.1%，涨幅比上月回落0.2个百分点。其中，食品价格下降1.7%，非食品价格上涨1.7%。6月份，受生猪产能持续恢复、压栏肥猪集中出栏及消费需求季节性偏弱等因素影响，猪肉价格继续下降13.6%；鲜菜、鲜果供应充足，价格分别比上月下降2.3%和4.5%；蛋类、水产类价格小幅上涨；旅游、宾馆住宿、飞机票等出行相关价格环比下跌。6月份，全国工业生产者出厂价格同比上涨8.8%，涨幅比上月回落0.2个百分点。在工业品价格方面，国内大宗商品市场供求关系趋于改善。6月份，我国消费市场供应总体充足，工业品价格涨势趋缓，居民消费价格运行平稳。

上半年，国内物价总水平处于合理运行区间，其中，居民消费价格指数累计同比上涨 0.5%，工业生产者出厂价格指数累计同比上涨 5.1%。下半年，市场普遍预计 PPI（生产者物价指数）涨幅进一步收窄，CPI（consumer price index）涨幅呈现温和回升态势。

CPI（消费者物价指数）是统计与居民生活有关的产品及劳务价格得出的物价变动指标，通常作为观察通货膨胀水平的重要指标。如果消费者物价指数升幅过大，表明通胀已经成为经济不稳定因素，央行会有紧缩货币政策和财政政策的风险，从而造成经济前景不明朗。

例如，在过去 12 个月，消费者物价指数上升 2.3%，表示生活成本比 12 个月前平均上升 2.3%。当生活成本提高，老百姓手里的钱的价值随之下降。也就是说，一年前收到的一张 100 元纸币，今日只可以买到价值 97.70 元的货品及服务。一般说来当 CPI>3%，就是通货膨胀；而当 CPI>5% 时，就是严重通货膨胀。

数据来源：中华人民共和国中央人民政府网

二、统计指数的种类

（一）按反映现象范围分类

指数按其所反映现象范围不同，可分为个体指数和总指数。

1. 个体指数

个体指数是反映单个现象变动的相对数，具体有销售量个体指数、产量个体指数、价格个体指数、单位成本个体指数。销售量个体指数、产量个体指数，是由数量指标形成的个体指数，统称为个体物量指数。价格个体指数、单位成本个体指数，是由质量指标形成的个体指数，统称为质量指标个体指数。

（1）个体物量指数的计算公式为：

$$K_q = \frac{q_1}{q_0} \times 100\%$$

式中：K_q 为个体物量指数；

　　　q 为数量；

　　　1 表示报告期；

　　　0 表示基期。

（2）价格个体指数的计算公式为：

$$K_p = \frac{p_1}{p_0} \times 100\%$$

式中：K_p 为价格个体指数；

p 为价格；

1 表示报告期；

0 表示基期。

（3）单位成本个体指数的计算公式为：

$$K_z = \frac{z_1}{z_0} \times 100\%$$

式中：K_z 为单位成本个体指数；

z 为单位成本；

1 表示报告期；

0 表示基期。

2. 总指数

总指数是综合反映全部社会经济现象总变动的相对数，按其编制方法与计算形式不同，分为综合指数和平均指数。

（二）按反映社会现象性质分类

指数按其所反映社会现象性质不同，可分为数量指标指数和质量指标指数。

（1）数量指标指数是反映现象总规模或总水平变动程度的相对数，是数量指标形成的指数，如销售量指数、产量指数等。

（2）质量指标指数是反映现象的相对水平、平均水平或工作质量变动程度的相对数，是质量指标形成的指数，如价格指数、单位成本指数等。

（三）按所采用的基期分类

指数按其所采用的基期不同，可分为定基指数和环比指数。

（1）定基指数是在指数数列中，以某一固定时期作为基期而编制的指数。

（2）环比指数是在指数数列中，以前一时期作为基期而编制的指数。

三、统计指数的作用

统计指数在社会经济领域内广泛应用，这是由于统计指数具有独特的功能，能够发挥重要的作用。其具体主要作用有以下几个方面：

（一）综合反映社会经济现象总体在时间和空间方面的变动方向和变动程度

这是统计指数最重要的作用。在社会经济现象中，大量存在着不能直接加总或不能直接对比的复杂总体，为了反映和研究它们的变动方向和变动程度，只能采用统计指数法，编制统计指数才能得到解决。

（二）分析社会经济现象总体变动受各因素变动的影响方向及影响程度

利用指数体系可以测定复杂社会经济现象总体变动中，各因素变动对总体变动的影响方向及影响程度，并对经济现象变化进行综合评价。任何一个复杂现象都是由两个或两个以上的因素构成的。例如：销售额＝销售量×销售单价、总产值＝产品产量×出厂价格、总成本＝产品产量×产品单位成本等。

活动 6.1.1

◎**活动描述**

零度奶茶店在 2021 年下半年为了把市场打开、吸引人气、树立品牌，做了很多促销活动，各种商品的销售量上下半年产生了怎样的变化呢？见表 6–1。

表 6–1　2021 年零度奶茶店各种产品销售量（q）个体指数计算表

品　种	计量单位	上半年（基期）	下半年（报告期）	个体指数（K_q）/%
		q_0	q_1	
珍珠奶茶	杯	9 170	10 810	117.88
芝士奶茶	杯	9 360	10 100	107.91
水果茶	杯	8 100	11 000	135.80
炸鸡翅	只	2 560	4 200	164.06
爆米花	桶	2 470	5 500	222.67

◎**活动要求**

根据零度奶茶店上下半年的销售量，计算与分析各种产品销售量个体指数（K_q）。

◎**活动实施**

步骤 1：确定计算公式：

$$K_q = \frac{q_1}{q_0} \times 100\%$$

步骤 2：计算并填列五种产品上下半年的销售量个体指数。

步骤 3：分析五种产品的上下半年销售量的变动。

计算结果表明：珍珠奶茶的销售量下半年为上半年的 117.88%，增长了 17.88%；芝士奶茶的销售量下半年为上半年的 107.91%，增长了 7.91%；水果茶的销售量下半年为上半年的 135.80%，增长了 35.80%；炸鸡翅的销售量下半年为上半年的 164.06%，增长了 64.06%；爆米花的销售量下半年为上半年的 222.67%，增长了 122.67%。

活动 6.1.2

◎**活动描述**

零度奶茶店做了很多促销活动，各种商品的销售价格上下半年产生了怎样的变化呢？见表 6–2。

表 6–2　2021 年零度奶茶店各种产品销售价格（p）个体指数计算表

品　种	计量单位	上半年（基期）p_0 / 元	下半年（报告期）p_1 / 元	个体指数（K_p）/ %
珍珠奶茶	杯	8.5	8.0	94.12
芝士奶茶	杯	9.5	9.0	94.74
水果茶	杯	12.0	11.0	91.67
炸鸡翅	只	8.0	6.0	75.00
爆米花	桶	10.0	5.0	50.00

◎**活动要求**

根据零度奶茶店上下半年的销售价格，计算与分析各种产品销售价格个体指数（K_p）。

◎**活动实施**

步骤 1：确定计算公式：

$$K_p = \frac{p_1}{p_0} \times 100\%$$

步骤 2：计算并填列五种产品上下半年的销售价格个体指数。

步骤 3：分析五种产品的上下半年销售价格的变动。

计算结果表明：珍珠奶茶的销售价格下半年为上半年的 94.12%，下降了 5.88%；芝士奶茶的销售价格下半年为上半年的 94.74%，下降了 5.26%；水果茶的销售价格下半年为上半年的 91.67%，下降了 8.33%；炸鸡翅的销售价格下半年为上半年的 75%，下降了 25%；爆米花的销售价格下半年为上半年的 50%，下降了 50%。

活动 6.1.3

◎**活动描述**

零度奶茶店做了很多促销活动，各种商品的单位销售成本上下半年产生了怎样的变化呢？见表 6–3。

表 6-3　2021 年零度奶茶店各种产品单位销售成本（z）个体指数计算表

品　种	计量单位	上半年（基期）	下半年（报告期）	个体指数（K_z）/%
		z_0 / 元	z_1 / 元	
珍珠奶茶	杯	4.0	3.6	90.00
芝士奶茶	杯	5.5	5.0	90.91
水果茶	杯	7.0	6.8	97.14
炸鸡翅	只	2.0	1.8	90.00
爆米花	桶	3.0	2.5	83.33

◎ **活动要求**

根据零度奶茶店上下半年的销售单位成本，计算与分析各种产品销售单位成本个体指数（K_z）。

◎ **活动实施**

步骤 1：确定计算公式：

$$K_z = \frac{z_1}{z_0} \times 100\%$$

步骤 2：计算并填列 5 种产品上下半年的销售单位成本个体指数。

步骤 3：分析 5 种产品的上下半年销售价格的变动。

计算结果表明：珍珠奶茶的销售单位成本下半年为上半年的 90%，下降了 10%；芝士奶茶的销售单位成本下半年为上半年的 90.91%，下降了 9.09%；水果茶的销售单位成本下半年为上半年的 97.14%，下降了 2.86%；炸鸡翅的销售单位成本下半年为上半年的 90%，下降了 10%；爆米花的销售单位成本下半年为上半年的 83.33%，下降了 16.67%。

技能提升

在计算个体指数时，可借助 Excel 办公软件中自定义公式的"/"快速计算各个产品销售量个体指数。

（1）符号意义：代表数学中的除号 ÷。

（2）操作步骤：

①打开技能提升素材文件夹中的"活动 6.1"工作簿，"活动 6.1.1"工作表。

②单击选择 E5 单元格，输入公式"=D5/C5"，按回车键，显示结果为"1.178844057"。

Excel 操作
技能：除号
的用法

③选定 E5：E9 单元格区域，单击右键，选择"设置单元格格式"－"百分比"，保留两位小数。

④单击选择 E5 单元格，当鼠标光标变成填充柄后，将公式往下复制至 E9，得到各种产品销售量个体指数。

活动 6.1.2 与活动 6.1.3 的操作方法基本相同，故不再赘述。

思维拓展

某网店三种商品销售价格资料见图 6–2。

(1)

(2)

(3)

图 6–2　某网店三种商品销售价格资料

表 6–4　三种销售商品个体指数（p）计算表

品　种	计量单位	基　期	报告期	个体指数
		p_0	p_1	K_p / %

要求：1. 请根据图 6–2，把三种商品促销前后的单价填入表 6–4。

2. 计算与分析三种商品的价格个体指数。

自我检测

一、单选题（共 6 题，每题 5 分，共 30 分）

1. 反映单个现象变动的相对数称为（　　　）。

　　A. 综合指数　　　　　B. 总指数　　　　　C. 个体指数　　　　　D. 定基指数

2. 反映现象的总规模或总水平变动情况的统计指数是（　　　）。

　　A. 数量指标指数　　B. 环比指数　　　　C. 平均指标指数　　D. 质量指标指数

3. 某产品 2019 年的销售量是 100 吨，2020 年的销售量是 120 吨，则该产品的销售量个体指数是（　　　）。

　　A. 20%　　　　　　B. 83.33%　　　　　C. 120%　　　　　　D. 16.67%

4. 某产品 2020 年单位成本比 2019 年上升了 10%，2019 年的单位成本为 50 元。则该产品的 2020 年的单位成本是（　　　）。

　　A. 50 元　　　　　　B. 45.55 元　　　　C. 55 元　　　　　　D. 60 元

5. 某网店某产品 2020 年平均客单价个体指数是 90%，2020 年的平均客单价为 360 元。则该产品的 2019 年的平均客单价是（　　　）。

　　A. 324 元　　　　　B. 400 元　　　　　C. 450 元　　　　　D. 460 元

6. 某奶茶店销售资料见表 6–5。

表 6–5　某奶茶店销售资料

产品名称	销售量（基期）/ 杯	销售量（报告期）/ 杯	销售量个体指数 / %
珍珠奶茶	100		110
水果茶		120	120

珍珠奶茶报告期销售量和水果茶基期销售量分别为（　　　）。

　　A. 105 杯和 125 杯　　　　　　　　　B. 91 杯和 100 杯

　　C. 110 杯和 100 杯　　　　　　　　　D. 110 杯和 110 杯

二、多选题（共 5 题，每题 5 分，共 25 分）

1. 指数按反映社会现象性质不同，可分为（　　　）。

　　A. 数量指标指数　　B. 质量指标指数　　C. 定基指数　　　　D. 个体指数

2. 指数按其所反映现象范围不同，可分为（　　　）。

　　A. 总指数　　　　　B. 质量指标指数　　C. 定基指数　　　　D. 个体指数

3. 指数按其所采用的基期不同，可分为（　　　）。

　　A. 数量指标指数　　B. 环比指数　　　　C. 定基指数　　　　D. 个体指数

4. 个体指数包括（　　　　　）。

　　A. 产量个体指数　　　B. 销售量个体指数　　　C. 价格个体指数　　　D. 单位成本个体指数

5. 数量指标形成的个体指数有（　　　　　）。

　　A. 产量个体指数　　　B. 销售量个体指数　　　C. 价格个体指数　　　D. 单位成本个体指数

三、判断题（共 3 题，每题 5 分，共 15 分）

（　　）1. 个体指数是综合法总指数的一种形式。

（　　）2. 指数最重要的作用是综合反映社会经济现象总体在时间和空间方面的变动方向和变动程度。

（　　）3. 总指数按其编制方法与计算形式不同，分为综合指数和平均指数。

四、综合分析题（共 30 分）

2021 年 6 月全国居民消费价格指数见表 6-6。

表 6-6　2021 年 6 月全国居民消费价格指数

序号	指标	以上月为 100
1	居民消费价格指数	99.6
1-1	食品烟酒类居民消费价格指数	98.6
1-2	衣着类居民消费价格指数	99.8
1-3	居住类居民消费价格指数	100.1
1-4	生活用品及服务类居民消费价格指数	99.8
1-5	交通和通信类居民消费价格指数	100.1
1-6	教育文化和娱乐类居民消费价格指数	99.8
1-7	医疗保健类居民消费价格指数	100.0
1-8	其他用品和服务类居民消费价格指数	100.1

注：2021 年 1 月开始编制和发布以 2020 年为基期的 CPI。本轮基期仍分为食品烟酒、衣着、居住、生活用品及服务、交通和通信、教育文化和娱乐、医疗保健、其他用品和服务 8 个大类，基本分类增加至 268 个。

数据来源：国家统计局网站

要求：

（1）分析各行业消费品价格指数与同年上月相比下降的有多少个，与同年上月相比上升的有多少个。

（2）分析居民消费价格指数下降或上升的行业，对居民的生活支出有什么影响。

任务 6.2　综合法总指数编制与分析

学习目标

- 知道综合法总指数的概念与编制方法。
- 了解综合法总指数体系及其因素分析。
- 能根据相关资料编制综合法总指数。
- 能根据相关资料建立指数体系并进行因素分析。
- 培养对经济数据内在联系的分析思维。

职业情景

　　零度奶茶店的 3 位合伙人对每种产品上下半年的销售量、销售单价、销售单位成本的动态变化已分析清楚，现在想知道在促销的背景下，下半年的销售额为何比上半年增加了。下半年销售额比上半年增加受什么因素影响？

> 哈哈！下半年珍珠奶茶、芝士奶茶和水果茶促销活动不断，为何销售额还比上半年增长了？这就是促销背后的秘密，现在让我们运用指数体系因素分析一起来解密吧！

知行联动

一、综合法总指数的概念

　　综合法总指数是总指数的一种表现形式，它是由两个时期范围相同的总量指标对比而形成的指数。在研究的总量指标中，可以分解为两个或两个以上的因素指标，将其中一个或一个以上的因素指标固定下来，仅观察另一个因素指标的变动程度，这样的总指数就叫综合法总指数。综合法总指数又可分为数量指标综合法总指数和质量指标综合法总指数。

二、综合法总指数的编制方法

（一）编制综合法总指数要解决的问题

1. 正确选择同度量因素

同度量因素是指若干由于度量单位不同不能直接相加的指标，过渡到能够相加和比较而使用的媒介因素。

2. 选择同度量因素所属时期

为了反映影响现象的某一特定因素的影响程度，必须把同度量因素所属时期固定。同度量因素选择的一般原则是：在编制数量指标指数时，把其中的质量指标作为同度量因素，并固定在基期水平上。相反，在编制质量指标指数时，把其中的数量指标作为同度量因素，并固定在报告期水平上。

（二）数量指标综合法总指数的编制

1. 确定同度量因素

若要综合说明多种商品销售量总的变动情况，由于计量单位不同，不能简单地把多种商品的销售量直接相加来进行对比。需要加入同度量因素（价格）使之转化为销售额。

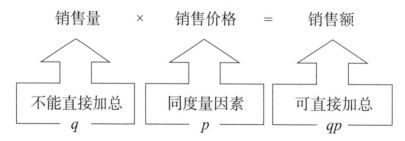

2. 确定同度量因素所属时期

从销售量总指数的任务来看，只应当反映销售量的变动，而不应当反映价格的变动，因此，选择 p_0 做同度量因素。则计算销售量总指数的公式为：

$$\overline{K_q} = \frac{\sum q_1 p_0}{\sum q_0 p_0}$$

式中：$\overline{K}$ 为总指数；

$\overline{K_q}$ 为销售量总指数；

q 为销售量；

p 为价格；

0 表示基期；

1 表示报告期 。

3. 销售量总指数的计算结果反映多种商品销售量的综合变动程度

由于商品销售量变动而使销售额的绝对变动值为：

$$销售量变动的影响额 = \sum q_1 p_0 - \sum q_0 p_0$$

活动 6.2.1

◎**活动描述**

零度奶茶店合伙人想知道在降价促销的背景下，下半年的销售额比上半年增加了的原因，首先要对影响销售额变化的销售量进行分析，见表 6–7。

表 6–7　2021 年零度奶茶店销售量总指数计算表

品种	计量单位	上半年（基期）		下半年（报告期）		基期销售额 / 元	假定销售额 / 元
		q_0	p_0 / 元	q_1	p_1 / 元	$q_0 p_0$	$q_1 p_0$
珍珠奶茶	杯	9 170	8.5	10 810	8.0	77 945	91 885
芝士奶茶	杯	9 360	9.5	10 100	9.0	88 920	95 950
水果茶	杯	8 100	12.0	11 000	11.0	97 200	132 000
炸鸡翅	只	2 560	8.0	4 200	6.0	20 480	33 600
爆米花	桶	2 470	10.0	5 500	5.0	24 700	55 000
合计	—	—	—	—	—	309 245	408 435

◎**活动要求**

根据零度奶茶店上下半年销售量的变动，计算与分析由于销售量的变动对销售额产生怎样的影响（$\overline{K_q}$）。

◎**活动实施**

步骤 1：计算 $\overline{K_q}$，确定同度量因素 p_0。

步骤 2：确定计算公式，根据表 6–7 分别计算销售量总指数公式中的分子与分母。

步骤 3：代入计算公式，计算销售量总指数：

$$\overline{K_q} = \frac{\sum q_1 p_0}{\sum q_0 p_0} \times 100\% = \frac{408\ 435}{309\ 245} \times 100\% = 132.07\%$$

步骤 4：计算商品销售量的综合变动程度：

销售量变动的影响额 $= \sum q_1 p_0 - \sum q_0 p_0 = 408\ 435 - 309\ 245 = 99\ 190$（元）

步骤 5：根据计算结果，对销售量总指数综合影响与变动程度进行分析。

计算结果表明，由于销售量的变动使销售额下半年比上半年增长了 **32.07%**，绝对数增加了 **99 190 元**。

（三）质量指标综合法总指数的编制

1. 确定同度量因素

多种商品的单价不能直接加总，需要加入同度量因素（销售量）使之转化为销售额。

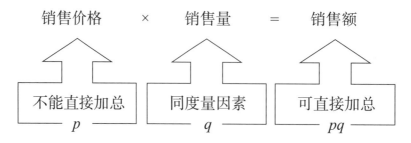

2. 确定同度量因素所属时期

研究价格总指数是为了反映价格变动对客观现实所产生的实际经济效果，同时，为了保证统计指数体系的完整性，选择 q_1 作为同度量因素。则计算价格总指数公式为：

$$\overline{K_p} = \frac{\sum p_1 q_1}{\sum p_0 q_1}$$

式中：$\overline{K_p}$ 为价格总指数；

p 为价格；

q 为销售量；

0 表示基期；

1 表示报告期。

3. 价格总指数的计算结果反映多种商品价格的综合变动程度

价格的变动使销售额的绝对变动值为：

$$价格变动的影响额 = \sum p_1 q_1 - \sum p_0 q_1$$

活动 6.2.2

◎**活动描述**

零度奶茶店合伙人想知道在降价促销的背景下，下半年的销售额比上半年增加了的原因，这需要对影响销售额变化的销售价格进行分析。见表 6–8。

表 6–8　2021 年零度奶茶店价格总指数计算表

品种	计量单位	上半年（基期）		下半年（报告期）		假定销售额 / 元	报告期销售额 / 元
		q_0	p_0 / 元	q_1	p_1 / 元	$p_0 q_1$	$p_1 q_1$
珍珠奶茶	杯	9 170	8.5	10 810	8.0	91 885	86 480
芝士奶茶	杯	9 360	9.5	10 100	9.0	95 950	90 900

续表

品种	计量单位	上半年（基期）		下半年（报告期）		假定销售额/元	报告期销售额/元
		q_0	p_0/元	q_1	p_1/元	p_0q_1	p_1q_1
水果茶	杯	8 100	12.0	11 000	11.0	132 000	121 000
炸鸡翅	只	2 560	8.0	4 200	6.0	33 600	25 200
爆米花	桶	2 470	10.0	5 500	5.0	55 000	27 500
合计	—	—	—	—	—	408 435	351 080

◎**活动要求**

根据零度奶茶店上下半年销售价格的变动，计算与分析由于销售价格的变动对销售额产生怎样的影响（$\overline{K_p}$）。

◎**活动实施**

步骤 1：计算 $\overline{K_p}$，确定同度量因素 q_1。

步骤 2：确定计算公式，根据表 6–8 分别计算价格总指数公式中的分子与分母。

步骤 3：代入计算公式，计算价格总指数：

$$\overline{K_p} = \frac{\sum p_1q_1}{\sum p_0q_1} \times 100\% = \frac{351\ 080}{408\ 435} \times 100\% = 85.96\%$$

步骤 4：计算商品销售价格的综合变动程度：

价格变动的影响额 = $\sum p_1q_1 - \sum p_0q_1 = 351\ 080 - 408\ 435 = -57\ 355$（元）

步骤 5：根据计算结果，对价格总指数综合影响与变动程度进行分析。

计算结果表明，由于销售价格的变动使销售额下半年比上半年下降了 14.04%，绝对数下降了 57 355 元。

三、综合法总指数体系及因素分析

（一）指数体系的概念

指数体系是指经济上具有一定联系，且具有一定的数量对等关系的三个或三个以上的指数所构成的一个整体。

例如：商品销售额综合指数 = 商品销售量综合指数 × 商品价格综合指数

$$\overline{k_{qp}} = \overline{k_q} \times \overline{k_p}$$

$$\frac{\sum q_1p_1}{\sum q_0p_0} = \frac{\sum q_1p_0}{\sum q_0p_0} \times \frac{\sum q_1p_1}{\sum q_1p_0}$$

三个指数的关系表明：商品销售额的综合变动是商品销售量的变动和商品价格的变动共同影响的结果。

其绝对水平变动存在下列等式：

$$\sum q_1 p_1 - \sum q_0 p_0 = \left(\sum q_1 p_0 - \sum q_0 p_0\right) + \left(\sum q_1 p_1 - \sum q_1 p_0\right)$$

即

$$\begin{matrix} 商品销售额 \\ 的绝对变动 \end{matrix} = \begin{matrix} 由于销售量变动引起 \\ 商品销售额的变动 \end{matrix} + \begin{matrix} 由于价格变动引起 \\ 商品销售额的变动 \end{matrix}$$

或

$$销售额的绝对变动 = 销售量变动的影响额 + 价格变动的影响额$$

三者的关系表明：商品销售额的绝对变动额是商品销售量的变动和商品价格的变动两者共同影响的结果。

（二）综合法总指数体系因素分析的编制步骤

以活动 6.2.3 为例。

活动 6.2.3

◎**活动描述**

通过销售量与销售价格的综合指数分析，零度奶茶店合伙人已经知道上下半年销售量与销售价格的变化分别引起销售额的综合变动，现在建立综合法总指数体系并进行因素分析，更一目了然地知道在降价促销背景下为何销售额还能增长。见表 6-9。

表 6-9　2021 年零度奶茶店总指数计算表

品种	计量单位	上半年（基期）		下半年（报告期）		基期销售额/元	报告期销售额/元	假定销售额/元
		q_0	p_0/元	q_1	p_1/元	$q_0 p_0$	$p_1 q_1$	$p_0 q_1$
珍珠奶茶	杯	9 170	8.5	10 810	8.0	77 945	86 480	91 885
芝士奶茶	杯	9 360	9.5	10 100	9.0	88 920	90 900	95 950
水果茶	杯	8 100	12.0	11 000	11.0	97 200	121 000	132 000
炸鸡翅	只	2 560	8.0	4 200	6.0	20 480	25 200	33 600
爆米花	桶	2 470	10.0	5 500	5.0	24 700	27 500	55 000
合计	—	—	—	—	—	309 245	351 080	408 435

◎**活动要求**

根据零度奶茶店上下半年销售量、销售价格的变动,计算与分析销售量、销售价格、销售额三者存在的相对数与绝对数关系。

◎**活动实施**

步骤 1:分别计算销售额、销售量、销售价格三个综合总指数。

(1) $\overline{K_{qp}} = \dfrac{\sum q_1 p_1}{\sum q_0 p_0} \times 100\% = \dfrac{351\,080}{309\,245} \times 100\% = 113.53\%$

销售额的绝对变动值 = $\sum q_1 p_1 - \sum q_0 p_0 = 351\,080 - 309\,245 = 41\,835$(元)

(2) $\overline{K_q} = \dfrac{\sum q_1 p_0}{\sum q_0 p_0} \times 100\% = \dfrac{408\,435}{309\,245} \times 100\% = 132.07\%$

销售量变动的影响额 = $\sum q_1 p_0 - \sum q_0 p_0 = 408\,435 - 309\,245 = 99\,190$(元)

(3) $\overline{K_p} = \dfrac{\sum p_1 q_1}{\sum p_0 q_1} \times 100\% = \dfrac{351\,080}{408\,435} \times 100\% = 85.96\%$

价格变动的影响额 = $\sum p_1 q_1 - \sum p_0 q_1 = 351\,080 - 408\,435 = -57\,355$(元)

步骤 2:建立指数体系。

相对数关系:销售额综合总指数 = 销售量综合总指数 × 销售价格综合总指数

$\overline{K_{qp}} = \overline{K_q} \times \overline{K_p}$

　　　$= 132.07\% \times 85.96\% = 113.53\%$

绝对数关系:销售额的绝对变动 = 销售量变动的影响额 + 价格变动的影响额

$\sum q_1 p_1 - \sum q_0 p_0 = \left(\sum q_1 p_0 - \sum q_0 p_0\right) + \left(\sum q_1 p_1 - \sum q_1 p_0\right)$

$41\,835 = 99\,190 - 57\,355$(元)

步骤 3:分析说明销售额、销售量、销售价格三者的关系。

计算结果表明:五种产品销售额下半年比上半年增长了 13.53%,绝对额增加了 41 835 元,是五种产品销售量上升了 32.07%,使销售额增加了 99 190 元,同时五种产品的价格下降 14.04%,使销售额减少了 57 385 元两种因素共同作用的结果。

技能提升

在计算基期销售额、假定销售额和报告期销售额时，可借助 Excel 办公软件中的 PRODUCT 函数对数据进行快速计算和汇总。

Excel操作技能：PRODUCT 的用法

1. 利用 PRODUCT 函数计算每种商品的销售额

（1）函数功能：计算若干数的乘积。

（2）表达式：PRODUCT（number1，[number2]，…）。

（3）语法格式：PRODUCT（乘的第一个值，乘的第二个值，…）。

（4）操作步骤如下。

①打开技能提升素材文件夹中的"活动 6.2"工作簿，"活动 6.2.1"工作表。

②单击选择 G5 单元格，输入函数"=PRODUCT（C5*D5）"，按回车键，单元格显示结果为"77 945"。见图 6–3。

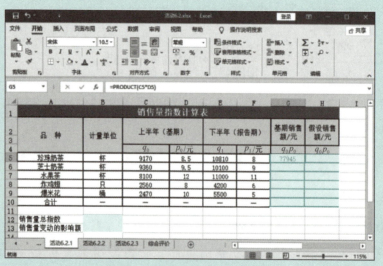

图 6–3　计算珍珠奶茶的销售额

③单击选择 G5 单元格，当鼠标光标变成填充柄后，双击填充柄快速填充 G5：G9 单元格区域。

④单击选择 H5 单元格，输入函数"=PRODUCT（E5*D5）"，按回车键，单元格显示结果为"91 885"。

⑤单击选择 H5 单元格，当鼠标光标变成填充柄后，双击填充柄快速填充 H5：H9 单元格区域。

2. 利用 SUM 函数计算所有商品基期和假定的总销售额

（1）单击选择 G10 单元格，输入函数"=SUM（G5：G9）"，按回车键，单元格显示结果为"309 245"。

（2）单击选择 H10 单元格，输入函数"=SUM（H5∶H9）"，按回车键，单元格显示结果为"408 435"。见图 6-4。

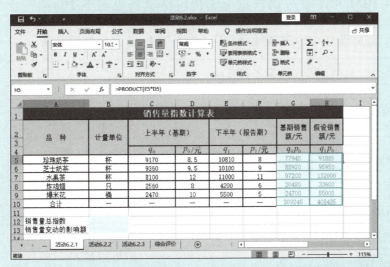

图 6-4　计算所有商品基期和假定的总销售额

3. 计算销售量总指数和销售量变动的影响额

（1）单击选择 B12 单元格，输入公式"=H10/G10"，按回车键，单元格显示结果为"132.07%"。

（2）单击选择 B13 单元格，输入公式"=H10-G10"，按回车键，单元格显示结果为"99 190"。见图 6-5。

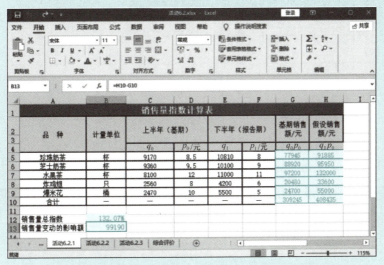

图 6-5　计算销售量总指数和销售量变动的影响额

思维拓展

某连锁便利店 2021 年 1–2 月销售量与销售价格资料见表 6–10。

表 6–10   某连锁便利店 2021 年 1—2 月销售情况表

货物名称		1 月	2 月
蓝月亮洗衣液补充装（500 克 / 袋）	销售数量 / 袋	238	312
	平均单价 / 元	7.5	7.3
德佑 75 家用酒精消毒湿巾（40 抽 / 包）	销售数量 / 包	78	94
	平均单价 / 元	9.2	8.5
黑人超白竹炭牙膏（140 克 / 支）	销售数量 / 支	138	205
	平均单价 / 元	9.9	9.5
太平苏打饼干奶盐味（800 克 / 件）	销售数量 / 件	66	97
	平均单价 / 元	17.9	17.6

要求：1. 根据表 6–10，把四种商品基期与报告期的销售量与销售价格填入表 6–11。

表 6–11   某连锁便利店四种商品销售量与销售价格指数计算表

品种	计量单位	基期（1 月）		报告期（2 月）		基期销售额 / 元	报告期销售额 / 元	假定销售额 / 元
		q_0	p_0	q_1	p_1	$q_0 p_0$	$p_1 q_1$	$p_0 q_1$

2. 根据表 6–11 计算销售量总指数、销售价格总指数、销售额总指数。

3. 分析各种产品的销售量与销售价格的变动对销售额的影响程度与影响绝对值。

自我检测

一、单选题（共 4 题，每题 4 分，共 16 分）

1. 某网店商品销售情况见表 6–12。

表 6-12　某网店商品销售情况

单位：%

商品名称	销售额指数	价格指数	销售量指数
电风扇		110	106
电冰箱	108		120

该网店电风扇销售额指数和电冰箱销售价格指数分别为（　　　）。

A. 105% 和 120%　　B. 116.6% 和 90%　　C. 103.77% 和 129.6%　　D. 116.6% 和 80%

2. 某企业 2020 年总生产成本比 2019 年上升了 16.6%，单位成本提高了 6%，则产量增加了（　　　）。

A. 23.6%　　　　　B. 10%　　　　　C. 20%　　　　　D. 25%

3. 若物价上涨，销售额持平，则销售量指数（　　　）。

A. 不变　　　　　B. 降低　　　　　C. 增长　　　　　D. 与物价上涨幅度一致

4. 某网店报告期的商品销售额比基期销售额增加了 20 万元，是由于销售量增加使销售额增加 22 万元，但由于价格（　　　）。

A. 上涨使销售额增加 2 万元　　　　　B. 上涨使销售额增加 42 万元

C. 下降使销售额减少 2 万元　　　　　D. 下降使销售额减少 42 万元

二、多选题（共 3 题，每题 4 分，共 12 分）

1. 某商店三种商品的价格指数为 110%，其对销售额的绝对影响为 8 000 元，这表明（　　　）。

A. 三种商品的价格平均上涨 10%　　　B. 由于价格上涨使销售额增长 110%

C. 由于价格上涨使居民多支出 8 000 元　　　D. 由于价格上涨使居民多收入 8 000 元

2. 已知企业基期总产值为 200 万元，报告期总产值 220 万元，报告期假定的产品总产值 $\sum P_0 q_1$ 为 180 万元，经计算（　　　）。

A. 产品总产值指数为 110%　　　　　B. 出厂价格指数为 122.22%

C. 产品生产量指数为 90%　　　　　D. 产品生产量指数为 111.11%

3. 已知某企业基期产品总成本为 200 万元，报告期比基期产品总成本增加 40 万元，报告期假定的产品总成本 $\sum z_0 q_1$ 为 220 万元，经计算（　　　）。

A. 产品总成本指数为 120%

B. 单位产品成本指数为 109.09%

C. 单位产品成本变动影响的绝对额为 20 万元

D. 产品产量指数为 110%

三、判断题（共 3 题，每题 4 分，共 12 分）

（　　　）1. 同度量因素时期选择一般原则是：数量指标综合指数的同度因素时期固定在基期，质量指标综合指数的同度因素时期固定在报告期。

（　　）2. 指数一般是用百分比表示的相对数。

（　　）3. 同度量因素的作用是把不能直接相加的指标过渡到能够相加和比较的指标。

四、综合分析题（共 3 题，每题 20 分，共 60 分）

1. 已知某企业三种产品的价格及产量资料，见表 6-13。

表 6-13　某企业三种产品的价格及产量资料

商品名称	计量单位	价格 / 元		产　量	
		基期	报告期	基期	报告期
甲	台	180	170	200	180
乙	米	90	100	250	400
丙	千克	120	100	170	200
合计					

要求：

（1）请根据表 6-13，计算三种产品个体物价指数。

（2）请根据表 6-13，计算三种产品价格总指数、产量总指数、总产值总指数。

（3）分析三种产品的价格与产量的变动对产值的影响程度与影响绝对值。

2. 某商店五种商品第一季度与第二季度商品销售量、销售价格情况见表 6-14。

表 6-14　某商店五种商品销售情况

品种	计量单位	一、二季度商品销售量		一、二季度商品销售价格 / 元	
		q_0	q_1	p_0	p_1
利口福叉烧包	包	6 170	7 810	8.5	8
徐福记蛋糕	包	7 360	8 100	9.5	9
卡士酸奶	盒	5 100	8 000	12.0	11
蒙牛鲜奶	瓶	560	1 200	8.0	6
太平饼干	袋	470	1 500	10.0	5
合计					

要求：

（1）请根据表 6-14，计算销售量总指数、销售价格总指数、销售额总指数；

（2）分析五种商品的销售量与销售价格的变动对销售额的影响程度与影响绝对值。

3.已知某企业三种产品的单位成本及产量资料，见表6-15。

表 6-15　某企业三种产品的单位成本及产量资料

产品名称	计量单位	单位成本 / 元		产量	
		基数	报告期	基数	报告期
甲	台	300	320	50	60
乙	吨	190	180	60	50
丙	个	40	30	160	120
合 计					

要求：

（1）请根据表6-15，计算三种产品的总成本总指数、单位成本总指数、产量总指数。

（2）分析三种产品的单位成本和产量变动对产品总成本的影响程度与影响绝对值。

课堂思政

指数因素分析法破解商家促销背后的秘密

近几年，无论线上与线下的商家都在不断推出店庆、节庆、节假日、"双11"等促销活动，甚至一些并不怎么热闹的"洋节日"也被商家炒作成了"促销"节，商家通过促销手段让营业额翻倍增长。这些令人眼花缭乱的促销活动背后，商家真的"让利"了吗？俗话说得好："买的没有卖的精，只有买亏，没有卖亏。"节庆只是由头，利益驱动才是本质，生意的背后都有一套完善的数据指标分析工具在支持，所有的线上线下促销与推广都经过商家精密的计算与分析，只是消费者看不出来而已。

商家精确摸准了消费者的心态——打折划算，许多人一窝蜂似的赶来抢购，线上线下的人流量、点击量、成交量多了，商品销售量也随之快速增长。按人流量、成交量是平时的三倍算，这里就要运用到综合总指数进行因素分析来揭秘此问题。假设平时，一件商品的售价是100元，进货价是50元，毛利是50元。现在按8折销售，售价80元减去进货价50元，毛利为30元。虽然现在打8折时同一件商品可能只赚30元，但销量可能是平时的三倍以上。就按毛利30元和3倍销量来计算，30×3=90元，与平时的毛利50元相比，能多赚40元。一言以蔽之，虽然价格（p）下降，但拉动了销售量（q）的上升，价格（p）与销售量（q）的相互作用，让销售额（m）增长了，毛利额也随之增长；同时也加快了资金周转速度，为企业带来更多的效益，真正实现薄利多销的营销策略。

折扣越大真的越划算吗？ 这就要根据自己的实际需要了，比如小李家有四口人，超市里牙膏做买三赠一活动，因为牙膏是日常生活用品，并且他家的人口多，所以参加这项活动比较划算。但张爷爷家却只有他一人，如果参加这项活动，买回来的牙膏太多了，可能会因为商品过期而造成浪费。因此买东西不能只看广告促销等宣传，要挑选物美价廉的商品，更要从实际的需要出发。

思政目标：

1. 我们揭开了商家促销背后的秘密后，要树立正确、理智的消费观念，学会用正确的立场、观点和方法分析问题，把学习、观察、实践同思考紧密结合起来，通过事物的表面来看清本质。

2. 养成辩证思维、系统思维、创新思维。

小组讨论：

1. 在线上线下商家的促销热浪中，我们应该如何树立正确而理智的消费观念？

2. 我们怎样看待花呗、白条等现代支付手段与超前消费观念？在创新的时代里，如果没有养成正确的消费观念与辩证的分析思维，会给我们带来严重的影响吗？

3. 我们身边有没有由于抵挡不住商家的诱惑进行超前消费，自己却无力偿还而将负担转嫁给父母家人的现象？

模块七 | 编制统计报表

"毫不夸张地说，统计学是当下最迷人的科学"，这是纪录片《统计的乐趣》中的台词，的确如此，统计学让我们了解了世间万物的规律。

统计学理论、统计学思维、统计学方法和我们现实生活及科学研究都紧密相连。在信息时代，随着大数据的到来，几乎所有统计调查都可以通过电子化、网络化手段采集数据。采集到的海量数据经过审核、分组、汇总，形成系统化、有条理的分配数列，为了更方便统计资料的积累，更好地为统计分析提供依据，我们可以用统计表或统计报表的形式表达出来。

统计表，是用纵横线条交叉所形成的表格，是反映统计资料的一种形式。与文字统计资料相比，统计表能使统计资料条理化，简明清晰，节省篇幅，并有利于数据的对比分析。统计表从形式上看，主要由总标题、行标题与列标题、格线、指标数值四个部分构成，一般为开栏式表格，即左右两侧不封口。从内容上看，统计表由主词和宾词两部分组成。

统计报表属于统计表，但它又不同于一般的统计表。统计报表相关知识要点，见图 7-1。

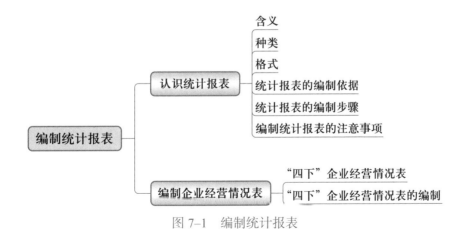

图 7-1　编制统计报表

任务 7.1   认识统计报表

学习目标

- 掌握统计报表的基本含义。
- 能识别统计报表的种类和格式。
- 能运用统计报表相关知识辨认统计报表类型。
- 掌握统计报表的编制步骤。
- 培养学生谨慎细致、诚信编表的职业素养。

职业情景

> 关于上报《从业人员及工资总额》统计报表的通知
>
> 发布时间：2021-01-10 15:30
> 各有关单位：
> 　　2021 年《从业人员及工资总额》已快到报送时间（1 月 18 日前），请未报单位及时做好上报工作（已上报略）。
>
> 联系电话：888888××
> 联系人：黄丽丽

统计报表是否区别于一般的统计表？那统计报表是……

知行联动

一、统计报表的含义

统计报表是按照国家有关法规的规定，自上而下地统一布置，以一定的原始记录为依据，按照统一的表式、统一的指标项目、统一的报送时间和报送程序，自下而上地逐级定期提供基本统计资料的一种调查方式。实际上，它就是按照统计报表制度要求严格填报的统计表，实际工作中常常简称为"报表"。

统计报表所包含的范围比较全面，项目比较系统，分组比较齐全，指标的内容和调查周期相对稳定。目前，它仍是我国统计调查中收集统计资料的主要方式。

二、统计报表的种类

（一）按调查范围分类

按调查范围不同，统计报表可分为全面的统计调查表和非全面的统计调查表。全面的统计调查表要求调查对象的每一个单位都要填报；非全面的统计调查表只要求调查对象的一部分单位填报。

（二）按报送周期长短不同分类

按报送周期长短不同，统计报表可分为日报、旬报、月报、季报、半年报和年报。

（三）按填报单位不同分类

按填报单位不同，统计报表可分为基层统计报表和综合统计报表。基层统计报表是由基层企、事业单位填报的报表。综合统计报表是由主管部门根据基层单位逐级汇总填报的报表。

（四）按报表内容和实施范围不同分类

按报表内容和实施范围不同，统计报表可分为国家统计报表、部门统计报表和地方统计报表。

1. 国家统计报表

国家统计报表是国民经济基本统计报表，由国家统计部门统一制发，用以收集全国性的经济和社会的最基本情况的统计资料。

2. 部门统计报表

部门统计报表是根据有关部门统计调查项目和统计调查计划制定的，一般用来收集各主管部门所需的专业统计资料，在各主管部门系统内施行。

3. 地方统计报表

地方统计报表是根据有关的地方统计调查项目和统计调查计划制定的，用来满足地方人民政府需要的地方性统计调查资料。

报表类别解读

　　国家统计报表、部门统计报表和地方统计报表的区别主要体现在表衔上。如国家统计报表的制表机关是"国家统计局"，文号是"国统字（××××年）×××号"；部门统计报表的制表机关一般为"××××部""××省××厅"等形式，文号也有相应改变；地方统计报表的制表机关为"××省统计局""××市统计局"等省级统计局的字样，文号也有相应改变。

三、统计报表的格式

　　统计报表的表现形式就是统计表。统计报表严格按照相关的统计制度编制，同一般的统计表相比，它有自己的特殊格式。统计报表一般由表名、表衔、表体、表注四个部分构成，见表7-1。

表7-1　主要工业产品生产能力

表　　　号：B104-3表

制定机关：国家统计局

文　　　号：国统字〔2020〕105号

统一社会信用代码

单位详细名称：　　　　　　　　2020年　　　　　　　有效期至：2021年6月

产品名称	计量单位	产品代码	年初生产能力	年末生产能力	产品产量
甲	乙	丙	1	2	3
按《主要工业产品生产能力目录》填报					

单位负责人：　　统计负责人：　　填表人：　　联系电话：　　　　报出日期：20　年　月　日

　　（1）表名，即报表的名称。表名一般概括了报表的调查范围和主要内容。

　　（2）表衔，是区别于一般统计表的部分，报表的右上角一般列有表号、制定机关、文号等。

　　（3）表体，即报表的主体，包括格线、行标目、列标目。

　　（4）表注，即表底，一般包括单位负责人、统计负责人、填表人、联系电话、报出日期，或对表中某些指标的特殊说明和规定等。

报表格式解读

以表 7-1 为例：

表名：该表表名为《主要工业产品生产能力》。

表衔："表号：B104-3 表"，表示该表的代号。"制定机关：国家统计局"，反映制定机关的级别。"文号：国统字〔2020〕105 号"，表示报表的严肃性和出处。

表体：表体中主词栏为"产品名称"，宾词栏为："计量单位""产品代码""产品产量"等。主词栏和宾词栏的交叉处设分栏格。文字栏用"甲、乙、丙"等表示；数据栏用"1、2、3"等表示。

表注：表底依次列出"单位负责人""统计负责人""填表人""联系电话""报出日期：20　年　月　日"。

四、统计报表的编制依据

能做到准确及时地填报统计报表非一日之功，需要从统计数据的原始记录开始，遵法依规日积月累方能成就。填报统计报表的主要依据如下。

（1）原始统计记录。

（2）统计台账。

（3）会计资料及税务报表等资料。

统计台账解读

台账是指为了特定的目的而进行系统登记、整理、汇总形成整体情况的资料记录。

统计台账是根据填报统计报表和统计核算工作的需要，用一定的表格形式，将分散的原始记录资料按规定的指标和时间先后顺序进行系统登记、积累和汇总统计的账册。

五、统计报表的编制步骤

编制统计报表，就是在规定的时间内，将报表内需填制的数据进行收集、整理、汇总，按一定的格式和指标要求，填入相应的表格。填制好的统计报表应经过审核，及时上报相应的部门和统计机构。编制报表的一般步骤如下。

步骤 1：选取要填制的统计报表。

步骤 2：收集填制报表所需的各种原始资料。

步骤 3：根据统计报表制度中统计指标的要求对原始资料及统计台账进行整理和汇总。

步骤 4：把整理出来的统计数据及相关资料填入相应的统计报表中。

步骤 5：审核数据的正确和完整性。

步骤 6：按要求上报统计报表。

统计报表有很多种，有的比较简单，有的比较复杂。简单的，如产量统计、销售统计，只需将每天的产量、销售量的原始记录单进行简单汇总，即可填报。复杂一些的，如工业增加值表、财务状况表等，需要从会计报表上取得数据，甚至要用一张或多张中间过渡表，做一些较为复杂的运算，再将中间过渡表上的数据转到要填的报表上。

六、编制统计报表的注意事项

1. 填写必须真实、准确、完整

统计报表最基本的要求就是如实填报，不得虚报、漏报和瞒报。因此，统计记录活动应由基本素质高的基层统计人员承担。填制统计报表要以审核无误的原始记录和统计台账为依据，否则，无论统计整理、分析等方法多么科学，也不会得出正确的结论。

2. 填写和报送必须及时

统计报表的填写和报送时间必须严格遵守统计报表制度的规定，不论是日报、旬报、月报、季报、年报都要按规定时间填写与报送，不得推迟和延误。

3. 要正确理解统计指标解释

统计报表是按国家统一规定的表式、统一的指标项目、统一的报送时间，自上而下布置、自下而上逐级定期提供基本统计资料的调查方式。填报人员应具备相应的统计基础知识，对各种指标的认识、计算公式、数据取值范围、报表制度、填报要求等要有正确的理解能力。特别是要正确理解统计指标解释，不能凭自己的理解填制，否则，就失去了统计的"高度的集中统一性"，使资料无法汇总和分析。

七、统计报表的报送

现阶段我国统计工作中，对达到一定规模、资质、限额及以上的企业统称"四上"企业，不符合即属于"四下企业"。

"四上企业"解读

"四上企业"是现阶段我国统计工作实践中对达到一定规模、资质或限额的法人单位的一种通俗称谓，包括规模以上工业、有资质的建筑业和全部房地产开发经营业、限额以上批发零售业和住宿餐饮业、规模以上服务业法人单位。

"四上企业"的具体标准如下。

（1）规模以上工业：年主营业务收入2 000万元及以上的工业法人单位为"四上企业"。

（2）有资质的建筑业：有总承包、专业承包和劳务分包资质的建筑业法人单位为"四上企业"。

（3）限额以上批发和零售业：年主营业务收入2 000万元及以上的批发业、年主营业务收入500万元及以上的零售业法人单位为"四上企业"。

（4）限额以上住宿和餐饮业：年主营业务收入200万元及以上的住宿和餐饮业法人单位为"四上企业"。

（5）房地产开发经营业：全部房地产开发经营业法人单位为"四上企业"。

（6）规模以上服务业：年营业收入1 000万元及以上；调整优化规模以上服务业统计范围（试行）。将年营业收入和年末从业人员双标准调整为年营业收入单标准；将交通运输、仓储和邮政业，信息传输、软件和信息技术服务业，水利、环境和公共设施管理业三个门类和卫生行业大类的调查单位确定标准，从现行的年营业收入1 000万元提高到2 000万元；将社会工作行业大类调查单位确定标准，从现行的年营业收入1 000万元降到500万元。

"四上"企业应按照国家统计局一套表统计调查制度的规定，遵循"先进库、再有数"的原则，定期向国家报送统计调查数据。"四下企业"，如果被抽到作为调查对象，也需要按要求定期向国家报送统计调查数据。

企业需上报何种统计报表，应按该企业纳入调查范围相对应的统计报表制度规定进行上报。如，企业属于餐饮业且纳入调查范围的"四下企业"，应按照"四下"单位抽样调查统计报表制度（批发零售住宿餐饮业）的规定定期上报。"四下"企业主要上报的报表如下：

（1）《"四下"企业基本情况》（211表）；

（2）《"四下"企业经营情况》（214表）；

（3）《"四下"企业调查问卷》（220表）；

（4）《"四下"企业固定资产投资情况》（116表）。

统计报表上报方式：联网直报企业通过国家统计局联网直报平台上报数据，非联网直报单位由调查员或统计机构录入基层表数据。

技能提升

统计报表联网直报操作步骤：

（1）打开浏览器，在地址栏输入网址，登录"国家统计联网直报门户"。

（2）单击"企业入口"，在"联网直报省级节点"选择所属省份。

（3）在登录页面输入用户名和密码后单击"登录"按钮。

（4）进入用户界面，单击"报送与验收状态"中要报送报表的对应"未填报表"按钮，进入该表的录入界面，这时用户可以直接录入报表相关内容，也可以单击导入功能，直接导入做好的报表。

（5）录入报表数据后，单击"暂存"按钮，即可将当前页面数据直接保存至服务器，保存时对数据不做审核。

（6）当数据满足审核公式的时候，单击"审核"按钮就会提示审核通过，单击"确认"按钮。

（7）单击"上报"按钮，当数据上报成功以后，此时的"报送与验收状态"为"已上报"。

 **思维拓展**

请根据表 7–2 中的资料，判断统计报表的类型，描述统计报表的格式。

表 7–2   电子信息产业企业主要产品生产能力表

制定机关：工信与信息产业部
表　　号：电统企 6 表
批准机关：国家统计局
文　　号：国统函〔2020〕187 号

企业法人代表：　　　　　　　2020 年　　　　　有效期至：2021 年 10 月

主要产品名称	计量单位	产品代码	年初生产力	本年新增能力			本年减少能力	年末生产能力
				合计	基建新增	更新改造新增		
甲	乙	丙	1	2	3	4	5	6

单位负责人：　　　统计负责人：　　　填表人：　　　联系电话：　　　报出日期：　　年 月 日

一、单选题（共 5 题，每题 5 分，共 25 分）

1. (   ) 是按照国家有关法规的规定，自上而下地统一布置，以一定的原始记录为依据，按照统一的表式、统一的指标项目、统一的报送时间和报送程序，自下而上地逐级定期提供基本统计资料的一种调查方式。

  A. 统计表   B. 统计报表   C. 统计报表制度   D. 统计调查方法

2. 统计报表按 (   ) 的不同可分为基层统计报表和综合统计报表。

  A. 调查范围   B. 报送周期长短

  C. 报表内容和实施范围   D. 填报单位

3. 统计报表按 (   ) 不同，可分为国家统计报表、部门统计报表和地方统计报表。

  A. 调查范围   B. 报送周期长短

  C. 报表内容和实施范围   D. 填报单位

4. 现阶段我国统计工作中，对规模以上工业，年主营业务收入 (   ) 万元及以上的工业法人单位，纳入"四上"企业范畴，定期向国家报送统计调查数据。

  A. 500   B. 1 000   C. 1 500   D. 2 000

5. 从统计报表格式看，区分国家统计报表、部门统计报表和地方统计报表，主要标志体现在 (   ) 上。

  A. 表名   B. 表衔   C. 表体   D. 表注

二、多选题（共 6 题，每题 5 分，共 30 分）

1. 统计资料是统计工作的成果，是统计方法与理论所处理的对象，其内容一般包括 (   ) 等。

  A. 统计表   B. 统计图   C. 统计手册   D. 统计年鉴

2. 填报统计报表的主要依据有 (   ) 等。

  A. 原始统计记录   B. 统计台账   C. 会计资料   D. 税务报表

3. 从形式上看，统计表主要由 (   ) 及指标数值构成。

  A. 总标题   B. 行标题   C. 格线   D. 列标题

4. 统计报表的格式一般由 (   ) 构成。

  A. 表名   B. 表衔   C. 表体   D. 表注

5. 被纳入调查范围的"四下"企业，应按照"四下"单位抽样调查统计报表制度（批发零售住宿餐饮业）的规定定期上报的报表有 (   )。

  A.《"四下"企业基本情况》   B.《"四下"企业经营情况》

  C.《"四下"企业调查问卷》   D.《批零住餐业产业活动单位（个体经营户）抽样调查表》

三、判断题（共 5 题，每题 5 分，共 25 分）

（　　）1. 统计报表就是按照统计报表制度要求严格填报的统计表，实际工作中常常简称为"报表"。

（　　）2. 由基层单位逐级汇总填报的统计报表称为综合统计报表。

（　　）3. 统计报表按报送周期长短不同，可分为月报、季报和年报。

（　　）4. 基层统计报表是由基层企、事业单位填报的报表。

（　　）5. 地方统计报表是根据有关的地方统计调查项目和统计调查计划制定的，用来满足地方人民政府需要的地方性统计调查资料。

四、综合分析题（共 20 分）

请根据表 7-3 中的资料，描述统计报表的格式。

表 7-3　电子商务网上零售额情况

组织机构代码□□□□□□□□ - □

统一社会信用代码□□□□□□□□□□□□□□□□□□

单位详细名称：　　　　　　　2019 年　　月

表　　号：穗商务调 109 表

制定机关：广州市商务局

文　　号：穗统函〔2018〕343 号

有效期至：2020 年 12 月 31 日

指标名称	计量单位	代码	零售额			
			本年		上年同期	
			本月	1 月至本月	本月	1 月至本月
甲	乙	丙	1	2	3	4
总计	万元	01				
其中：通过公共网络实现的商品零售	万元	02				

统计负责人：　　　填表人：　　　联系电话：　　　报出日期：20　年　月　日

任务 7.2　编制企业经营情况表

📝 **学习目标**

- 理解"四下"单位抽样调查统计报表制度。
- 能分析归纳"四下"企业经营情况统计报表中相关统计指标。
- 能根据相关统计报表制度的要求编制"四下"企业经营情况表。
- 培养学生谨慎细致、诚信编表的意识，提高学生的敏捷思维能力。

✏️ **职业情景**

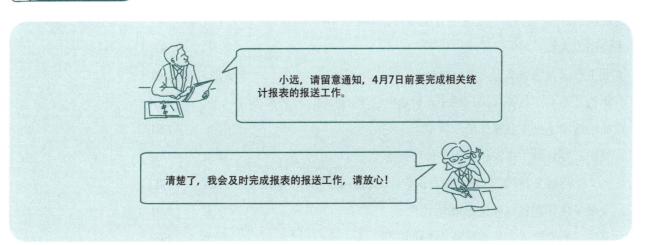

小远，请留意通知，4月7日前要完成相关统计报表的报送工作。

清楚了，我会及时完成报表的报送工作，请放心！

📚 **知行联动**

一、"四下"企业经营情况表

为了反映限额以下企业、产业活动单位和个体经营户的基本情况、生产经营状况、固定资产投资等发展情况，国家统计局制定了"四下"单位抽样调查统计报表制度（批发零售住宿餐饮业），规定被调查企业必须真实、准确、完整、及时地报送统计资料和数据，"四下"企业经营情况表属于该制度中规定上报的统计资料之一，其构成和格式见表 7–4。

表 7-4   "四下"企业经营情况表

表　　号：214 表

统一社会信用代码□□□□□□□□□□□□□□□□□□

制定机关：国家统计局

尚未领取统一社会信用代码的填写原组织机构代码□□□□□□□□－□

文　　号：国统字〔2020〕105 号

单位详细名称：　　　　　　　　20　年 1—　月

有效期至：2022 年 1 月

指标名称	计量单位	代码	1 月至本月	上年同期
甲	乙	丙	1	2
资产总计	千元	01		
负债合计	千元	02		
营业收入	千元	03		
营业成本	千元	04		
利润总额	千元	05		
应付职工薪酬（贷方累计发生额）（批零住餐单位仅第四季度填报）	千元	06		
平均用工人数	人	07		
工业生产电力消费（工业单位填报）	千瓦时（度）	B01		
自年初开始本年新签合同总额（建筑业单位填报）	千元	C01		
商品销售额（批发和零售单位填报）	千元	E01		
其中：零售额（批发和零售单位填报）	千元	E02		
通过公共网络实现的商品销售额（批发和零售单位填报）	千元	E03		
营业额（住宿和餐饮单位填报）	千元	S01		
其中：餐费收入（住宿和餐饮单位填报）	千元	S02		
商品销售额（住宿和餐饮单位填报）	千元	S03		
通过公共网络实现的营业额（住宿和餐饮单位填报）	千元	S04		

统计负责人：　　　　填表人：　　　　报出日期：20　年　月　日

制度解读

（1）统计范围：辖区内抽中的限额以下批发和零售业企业、限额以下住宿和餐饮业企业。

（2）调查频率：季度、年度调查。

（3）报送期限：调查单位按所在地统计机构规定的时间报送。

（4）报送日期：批发零售住宿餐饮业单位网上填报开始时间为季度末月 25 日；截止时间分别为：本年 4 月 7 日、7 月 7 日、10 月 9 日，次年 1 月 7 日。

（5）批发零售住宿餐饮业单位的指标填报：

①财务情况指标填报时，报告期为 1 季度时填报 1—2 月数据，报告期为 2 季度时填报 1—5 月数据，报告期为 3 季度时填报 1—8 月数据，报告期为 4 季度时填报 1—11 月数据。

②销售额及其其中项、营业额及其其中项指标填报时，报告期为 1 季度时填报 1—3 月数据，报告期为 2 季度时填报 1—6 月数据，报告期为 3 季度时填报 1—9 月数据，报告期为 4 季度时填报 1—12 月数据。

（6）计量单位：千元。

（7）价值量指标保留两位小数。

二、"四下"企业经营情况表的编制

编制统计报表，就是在规定的时间内，将报表内需填制的指示数据进行收集、整理、汇总，按一定的格式和指标解释的要求，填入相应的表格。填制好的统计报表应经过审核，及时上报相应的部门和统计机构。

（一）编表前的准备工作

收集填制"四下"企业经营情况表所需的各种原始资料。

（1）资产负债表；

（2）利润表；

（3）商品销售台账；

（4）职工人数等原始数据资料。

报表的表衔中"统一社会信用代码""单位详细名称"按企业基本情况如实填制。

制度解读

"统一社会信用代码"是由赋码主管部门给每一个法人单位和其他组织颁发的，在全国范围内唯一的、终身不变的法定身份识别码，由 18 位的阿拉伯数字和大写英文字母组成。

单位详细名称指经有关部门批准正式使用的单位全称。所有单位均须填写本项。

（二）主要统计指标的取数来源

报表中各统计指标的数据主要是根据国家统计局制定的"四下"单位抽样调查统计报表制度（批发零售住宿餐饮业）相关规定进行收集、整理、汇总后填报。

"四下"企业经营情况表中主要指标数据来源如下：

（1）"资产总计"指标，指企业过去的交易或者事项形成的、由企业拥有或者控制的、预期会给企业带来经济利益的资源，根据会计"资产负债表"中"资产总计"项目的期末余额数填报。

（2）"负债合计"指标，指企业过去的交易或者事项形成的，预期会导致经济利益流出企业的现时义务。根据会计"资产负债表"中"负债合计"项目的期末余额数填报。

（3）"营业收入"指标，指企业经营主要业务和其他业务所确认的收入总额。营业收入包括"主营业务收入"和"其他业务收入"，根据会计"利润表"中"营业收入"项目的本年累计数填报。

（4）"营业成本"指标，指企业经营主要业务和其他业务所发生的成本总额，包括企业（单位）在报告期内从事销售商品、提供劳务等日常活动发生的各种耗费；包括"主营业务成本"和"其他业务成本"；根据会计"利润表"中"营业成本"项目的本年累计数填报。

（5）"利润总额"指标，指企业在一定会计期间的经营成果，是生产经营过程中各种收入扣除各种耗费后的盈余，反映企业在报告期内实现的盈亏总额，根据会计"利润表"中"利润总额"项目的本年累计数填报。

（6）"应付职工薪酬（本年贷方累计发生额）"统计指标，指企业为获得职工提供的服务而给予各种形式的报酬以及其他相关支出。根据会计科目"应付职工薪酬"的本年贷方累计发生额填报。

（7）"平均用工人数"指标，指报告期企业平均实际拥有的、参与本企业生产经营活动的人员数。

（8）"商品销售额"指标，在批发和零售业中，本指标反映在国内市场上销售商品以及出口商品的总价。在住宿和餐饮业中，本指标反映住宿和餐饮业单位出售商品和销售总额（含增值税），不包括法人企业附营的其他行业产业活动单位的商品销售额。该指标可在销售清单形成的销售台账中取数填报，也可以在会计账表中取数填报。

（9）"营业额"指标，指住宿和餐饮业单位在经营活动中，因提供服务或销售商品等取得的全部收入（含增值税），收入主要来源于提供客房、餐饮服务，商品销售和其他服务，如商务服务等。餐饮企业营业额等统计数据来源于收费流水账形成的日记账。

三、填报要求

（1）统计报表文字除特别要求外，一律使用汉字，数字使用阿拉伯数字。各种报表必须加盖公章，签名用钢笔或签字笔填写，不得使用铅笔填写，字迹要清晰。

（2）统计表中的各项指标，填报单位（企业、产业单位、个体经营户）均要填报。

（3）所有报表数据指标除特别要求外，均保留两位小数。

（4）统计报表中的分类、目录和代码均属统一标准，各填报单位必须严格执行。

（5）统计报表内各项指标都要进行严格审查和核对。

（6）在统计报表规定时间内上报，未报送统计报表的填报单位，将视作拒报统计报表。

活动 7.2.1

◎**活动描述**

2021 年零度奶茶店被纳入国家统计调查对象，适用"四下"单位抽样调查统计报表制度（批发零售住宿餐饮业），该企业统一社会信用代码为 951874632125847369。小远正在研读"四下"单位抽样调查统计报表制度（批发零售住宿餐饮业），准备为零度奶茶店编制 2021 年第一季度的统计报表。

◎**活动要求**

收集相关统计资料，按要求编制"四下"企业经营情况表。

◎**活动实施**

步骤 1：选取要填制的统计报表。

通过广州市统计局网站下载"四下"单位抽样调查统计报表制度（批发零售住宿餐饮业），在制度中可找到《"四下"企业经营情况》报表。

步骤 2：收集填制报表所需的各种原始资料。

会计提供的统计原始数据见表 7–5。

表 7–5　会计统计原始数据

项目名称	1 月	2 月	3 月
资产总计 / 元	200 000.00	200 000.00	200 000.00
负债合计 / 元	50 000.00	50 000.00	50 000.00
营业收入（含税）/ 元	55 000.00	75 000.00	50 000.00
营业成本 / 元	25 000.00	33 000.00	23 000.00
利润总额 / 元	20 609.00	22 095.00	20 096.00
营业额（含税）/ 元	55 000.00	75 000.00	50 000.00
其中餐饮收入 / 元	55 000.00	75 000.00	50 000.00
工作人员数量 / 人	12	12	12

步骤 3：对原始数据进行整理、汇总，获取指标数据。

1. "资产总计" =200 000.00（元）

2. "负债合计" =50 000.00（元）

3. "营业收入" =55 000.00+75 000.00+50 000.00=180 000.00（元）

4. "营业成本" =25 000.00+33 000.00+23 000.00=81 000.00（元）

5.“利润总额”=20 609.00+22 095.00+20 096.00=62 800.00（元）

6.“营业额”=55 000.00+75 000.00+50 000.00=180 000.00（元）

步骤4：填写统计报表。

把整理出来的统计数据及相关资料填入"四下"企业经营情况表中，见表7-6。

表7-6　"四下"企业经营情况表

表　　号：214 表

统一社会信用代码：951874632125847369　　　　制定机关：国家统计局

尚未领取统一社会信用代码的填写原组织机构代码□□□□□□□□－□　　文　　号：国统字〔2020〕105号

单位详细名称：零度奶茶店　　　　　2021 年 1—3 月　　　有效期至：2022 年 1 月

指标名称	计量单位	代码	2月至本月	上年同期
甲	乙	丙	1	2
资产总计	千元	01	200.00	
负债合计	千元	02	50.00	
营业收入	千元	03	180.00	
营业成本	千元	04	81.00	
利润总额	千元	05	62.80	
应付职工薪酬（贷方累计发生额）（批零住餐单位仅第四季度填报）	千元	06		
平均用工人数	人	07	12	
工业生产电力消费（工业单位填报）	千瓦时（度）	B01		
自年初开始本年新签合同总额（建筑业单位填）	千元	C01		
商品销售额（批发和零售单位填报）	千元	E01		
其中：零售额（批发和零售单位填报）	千元	E02		
通过公共网络实现的营业额（住宿和餐饮单位填报）	千元	E03		
营业额（住宿和餐饮单位填报）	千元	S01	180.00	
其中：餐费收入（住宿和餐饮单位填报）	千元	S02	180.00	
商品销售额（住宿和餐饮单位填报）	千元	S03		
通过公共网络实现的营业额（住宿和餐饮单位填报）	千元	S04		

统计负责人：杨丽丽　　　填表人：小辉　　　　报出日期：2021 年 3 月 31 日

步骤5：审核数据的正确和完整性。

技能提升

　　扫码浏览广州市网上报送统计报表操作说明，有条件可登录"国家统计联网直报门户"，报送"四下"企业经营情况统计报表。

**思维拓展**

　　豆麦零售商品有限公司 2021 年第 1 季度平均职工人数为 26 人，零售额为 1 016 580.00 元，其中通过公共网络实现的商品销售额为 856 256.00 元。财务会计报表相关数据见表 7–7 和表 7–8。

表 7–7　资产负债表

会小企 01 表

编制单位：豆麦零售商品有限公司　　　　　　2021 年 2 月 28 日　　　　　　单位：元

资　产	行次	期末余额	年初余额	负债和所有者权益	行次	期末余额	年初余额
流动资产：				流动负债：			
货币资金	1	170 769	219 253	短期借款	31	300 000	100 000
应收账款	4	162 000	125 235	应付账款	33	515 020	180 894
预付账款	5	256 950	10 000	预收账款	34	458 150	85 000
其他应收款	8	8 500	36 833	应付职工薪酬	35	133 208	59 233
存货	9	1 473 783	1 450 945	流动负债合计	41	1 406 378	425 127
其他流动资产	14	303 794	96 713	长期借款	42	1 000 000	750 000
流动资产合计	15	2 375 796	1 719 726	非流动负债：			
非流动资产：				非流动负债合计	46	1 000 000	750 000
长期债券投资	16	100 000	100 000	负债合计	47	2 406 378	1 175 127
固定资产原价	18	756 532	756 532	所有者权益：			
减：累计折旧	19	127 565	107 565	实收资本	48	700 000	700 000
固定资产账面价值	20	628 967		资本公积	49	8 400	7 500
无形资产	25	45 290	71 600	盈余公积	50	9 799	8 699
其他非流动资产	28			未分配利润	51	25 476	
非流动资产合计	29	774 257	171 600	所有者权益合计	52	743 675	716 199
资产总计	30	3 150 053	1 891 326	负债和所有者权益总计	53	3 150 053	1 891 326

企业负责人：李成名　　　　财务负责人：任菲菲　　　　制表人：郭莹莹

表 7-8　利　润　表

会小企 02 表

编制单位：豆麦零售商品有限公司　　　　　　2021 年 3 月　　　　　　　　　单位：元

项　目	行次	本年累计金额	本期金额
一、营业收入	1	1 057 496.00	224 760.00
其中：商品销售收入	2	1 016 580.00	224 760.000
减：营业成本	3	572 725.60	146 717.60
销售费用	10	105 056.00	15 856.00
管理费用	13	153 765.60	26 472.00
财务费用	17	4 680.00	1 000.00
加：投资收益（亏损以"—"号填列）	19	0.00	0.00
二、营业利润（亏损以"—"号填列）	20	221 268.80	34 714.40
加：营业外收入	21		
减：营业外支出	23	2 000.00	
三、利润总额（亏损总额以"—"号填列）	29	219 268.80	34 714.40
减：所得税费用	30	54 817.20	8 678.60
四、净利润（净亏损以"—"号填列）	31	164 451.60	26 035.80

企业负责人：李成名　　　财务负责人：任菲菲　　　制表人：郭莹莹

该企业统一社会信用代码为 987654321741258369。2021 年度该企业被纳入国家统计调查对象，适用"四下"单位抽样调查统计报表制度（批发零售住宿餐饮业），请完成 2021 年第一季度的"企业经营情况"统计报表填报工作（统计负责人：张铭）（见表 7-9）。

表 7-9　"四下"企业经营情况表

表　　号：214 表

制定机关：国家统计局

统一社会信用代码□□□□□□□□□□□□□□□□□□

尚未领取统一社会信用代码的填写原组织机构代码□□□□□□□□ – □　　　文　　号：国统字〔2020〕105 号

单位详细名称：　　　　　　　20　年 1—　月　　　　　　有效期至：2022 年 1 月

指标名称	计量单位	代码	1 月至本月	上年同期
甲	乙	丙	1	2
资产总计	千元	01		
负债合计	千元	02		
营业收入	千元	03		
营业成本	千元	04		

续表

指标名称	计量单位	代码	1月至本月	上年同期
甲	乙	丙	1	2
利润总额	千元	05		
应付职工薪酬（贷方累计发生额）（批零住餐单位仅第四季度填报）	千元	06		
平均用工人数	人	07		
工业生产电力消费（工业单位填报）	千瓦时	B01		
自年初开始本年新签合同总额（建筑业单位填报）	（度）	C01		
商品销售额（批发和零售单位填报）	千元	E01		
其中：零售额（批发和零售单位填报）	千元	E02		
通过公共网络实现的商品销售额（批发和零售单位填报）	千元	E03		
营业额（住宿和餐饮单位填报）	千元	S01		
其中：餐费收入（住宿和餐饮单位填报）	千元	S02		
商品销售额（住宿和餐饮单位填报）	千元	S03		
通过公共网络实现的营业额（住宿和餐饮单位填报）	千元	S04		

统计负责人：　　　　填表人：　　　　报出日期：20　年　月　日

 自我检测

一、单选题（共 5 题，每题 5 分，共 25 分）

1. 对于基层单位统计报表，调查单位应按所在地（　　　）规定的时间报送。

　　A. 统计机构　　　　B. 税务部门　　　　C. 财务部门　　　　D. 主管单位

2. （　　　）指企业过去的交易或者事项形成的，预期会导致经济利益流出企业的现时义务。

　　A. 资产总额　　　　B. 负债总额　　　　C. 收入总额　　　　D. 利润总额

3. "应付职工薪酬（本年贷方累计发生额）"统计指标，指企业为获得职工提供的服务而给予各种
　　形式的报酬以及其他相关支出，不包括（　　　）。

　　A. 工资津贴　　　　B. 奖金津贴　　　　C. 交通补助　　　　D. 生产奖金

4. "平均用工人数"指标，指（　　　）企业平均实际拥有的、参与本企业生产经营活动的人员数。

　　A. 月初　　　　　　B. 月末　　　　　　C. 基期　　　　　　D. 报告期

5. 在统计报表规定时间内上报，不报送统计报表的填报单位，将视作（　　　）统计报表。

　　A. 漏报　　　　　　B. 迟报　　　　　　C. 拒报　　　　　　D. 补报

二、多选题（共 6 题，每题 5 分，共 30 分）

1. 统计调查对象在各项普查、大型调查和常规调查中必须（　　　　　）地报送相关的统计资料。

A. 真实　　　　　　B. 准确　　　　　　C. 完整　　　　　　D. 及时

2. "四下"单位抽样调查统计报表制度（批发零售住宿餐饮业）中"四下"企业经营情况统计报表的统计范围包括（　　　　　）。

A. 限额以下批发和零售业企业　　　　　B. 限额以下住宿和餐饮业企业

C. 被抽中的产业单位　　　　　　　　　D. 个体工商户

3. 在"四下"企业经营情况统计表中，财务情况指标填报时报告期为一季度时，一季度包括（　　　　　）。

A. 1 月　　　　　　B. 2 月　　　　　　C. 3 月　　　　　　D. 4 月

4. 在"四下"企业经营情况统计表中，"营业收入"指标，指企业经营主要业务和其他业务所确认的收入总额。营业收入包括（　　　　　）。

A. 政府补贴收入　　B. 主营业务收入　　C. 其他业务收入　　D. 营业外收入

5. 《中华人民共和国统计法》的第二十一条规定，国家机关、企业事业单位和其他组织等统计调查对象，应当按照国家有关规定设置原始记录、统计台账，建立健全统计资料的（　　　　　）等管理制度。

A. 审核　　　　　　B. 签署　　　　　　C. 交接　　　　　　D. 归档

三、判断题（共 5 题，每题 5 分，共 25 分）

（　　　）1. "统一社会信用代码"是由赋码主管部门给每一个法人单位和其他组织颁发的在全国范围内的组织机构代码。

（　　　）2. 统计报表文字除特别要求外，一律使用汉字，数字使用阿拉伯数字。

（　　　）3. 所有报表数据指标除特别要求外，以元为单位均保留两位小数。

（　　　）4. 在"四下"企业经营情况统计表中，"商品销售额"指标，不包括法人企业附营的其他行业产业活动单位的商品销售额。

（　　　）5. 统计调查对象按照国家有关规定设置的原始记录和统计台账，应当至少保存 2 年。

四、综合分析题（共 20 分）

好用办公用品批发有限公司 2021 年第一季度平均职工人数为 20 人，通过公共网络实现的商品销售额为 2 880 000.00 元。该企业统一社会信用代码为 985623741321654789。第一季度会计员提供的财务数据见表 7-10。2021 年度该企业被纳入国家统计调查对象，适用"四下"单位抽样调查统计报表制度（批发零售住宿餐饮业），请以陈丽的身份完成 2021 年第一季度的"企业经营情况"统计报表填报工作（统计负责人：林键东），见表 7-11。

表 7-10　第一季度财务数据　　　　　　　　　　　　　　单位：千元

项目名称	1 月	2 月	3 月
资产总额	420.00	450.00	450.00
负债总额	300.00	330.00	330.00
营业收入（含税）	980.00	700.00	1 200.00
营业成本	686.00	476.00	804.00
利润总额	274.00	210.00	792.00
营业额（含税）	980.00	700.00	1 200.00
其中：商品销售额	980.00	700.00	1 200.00

注：数据来源于资产负债表和利润表。

表 7-11　"四下"企业经营情况表

表　　　号：214 表

统一社会信用代码□□□□□□□□□□□□□□□□□□　　　制定机关：国家统计局

尚未领取统一社会信用代码的填写原组织机构代码□□□□□□□□-□　　文　　　号：国统字〔2020〕105 号

单位详细名称：　　　　　　　20　年 1— 月　　　　　　有效期至：2022 年 1 月

指标名称	计量单位	代码	1 月至本月	上年同期
甲	乙	丙	1	2
资产总计	千元	01		
负债合计	千元	02		
营业收入	千元	03		
营业成本	千元	04		
利润总额	千元	05		
应付职工薪酬(贷方累计发生额)(批零住餐单位仅第四季度填报)	千元	06		
平均用工人数	人	07		
工业生产电力消费（工业单位填报）	千瓦时（度）	B01		
自年初开始本年新签合同总额（建筑业单位填报）	千元	C01		
商品销售额（批发和零售单位填报）	千元	E01		
其中：零售额（批发和零售单位填报）	千元	E02		
通过公共网络实现的商品销售额（批发和零售单位填报）	千元	E03		
营业额（住宿和餐饮单位填报）	千元	S01		

续表

指标名称	计量单位	代码	1月至本月	上年同期
甲	乙	丙	1	2
其中：餐费收入（住宿和餐饮单位填报）	千元	S02		
商品销售额（住宿和餐饮单位填报）	千元	S03		
通过公共网络实现的营业额（住宿和餐饮单位填报）	千元	S04		

统计负责人：   填表人：   报出日期：20   年   月   日

课堂思政

广州市统计信用告知书

依法报送统计资料是统计调查对象的法定义务。统计调查对象在各项普查、大型调查和常规调查中有提供不真实或者不完整的统计资料，拒报或迟报统计资料，拒绝、阻碍统计调查、统计检查等统计违法行为的，统计机构将依据《中华人民共和国统计法》《中华人民共和国统计法实施条例》等统计法律法规给予行政处罚，并依据《企业统计信用管理办法》的规定认定为统计失信企业。

统计失信信息将通过"广州统计"微信公众号及广州统计信息网站等公共平台予以公开，并推送至"信用中国""信用广东""信用广州"等公共信用信息服务平台，供各级政府管理部门在各种评比表彰、享受优惠扶持政策、市场监管、质量安全监管和行政许可等环节查询使用。统计严重失信信息将推送至金融、市场监管等联合惩戒部门，并按照中共中央办公厅、国务院办公厅印发的《关于加快推进失信被执行人信用监督、警示和惩戒机制建设的意见》，以及国家44个部委联合发布的《关于对统计领域严重失信企业及其有关人员开展联合惩戒的合作备忘录》实施联合惩戒。

统计调查对象的理解、配合和支持是保证广州市统计工作顺利开展的关键！衷心感谢你单位对广州市统计工作的大力支持！

广州市统计局

思政目标：

1.组织学生学习《中华人民共和国统计法》《中华人民共和国统计法实施条例》等规定，培养法治、诚信的社会主义核心价值观。

2.通过列举"信用中国""信用广东""信用广州"等公共信用信息服务平台中统计失信的案例，强化学生对于统计岗位职责的认识，提升职业道德素养。

小组讨论：

1. 作为统计调查对象的国家机关、企业事业单位或者其他组织，有哪些行为会触犯《中华人民共和国统计法》《中华人民共和国统计法实施条例》？违法的后果是什么？

2. 网上搜索关于"统计失信"案例的披露，"统计失信"会给我们带来严重的社会影响吗？应受到哪些处罚？我们应从中吸取什么教训？

参 考 文 献

[1] 李强.统计基础知识与统计实务 [M].北京：中国统计出版社，2009.

[2] 娄庆松，杨静.统计基础知识 [M].4 版.北京：高等教育出版社，2019.

[3] 娄庆松，杨静.统计基础知识习题集 [M].4 版.北京：高等教育出版社，2019.

[4] 王力先.统计基础工作 [M].北京：高等教育出版社，2010.

[5] 徐娟.统计学基础 [M].北京：电子工业出版社，2020.

[6] 李树斌，王莉.统计实务 [M].郑州：大象出版社，2020.

[7] 寻克元.统计实务 [M].郑州：大象出版社，2015.

[8] 北京博导前程信息技术股份有限公司.电子商务数据分析基础 [M].北京：高等教育出版社，2019.

会计专业国家规划教材及其配套用书

书　号	书　名	主　编
978-7-04-053072-8	会计基本技能（第二版）	关　红
978-7-04-054006-2	会计基本技能强化训练（第二版）	关　红
978-7-04-054045-1	会计基础（第二版）	杜怡萍
978-7-04-055279-9	会计基础学习指导与练习（第二版）	梁延萍
978-7-04-048723-7	出纳实务	刘　健
978-7-04-054274-5	出纳实务同步训练	刘　健
978-7-04-049443-3	企业会计实务	徐　俊
978-7-04-050980-9	企业会计实务学习指导与练习	梁健秋
978-7-04-054134-2	税费计算与缴纳（第二版）	陈　琰
978-7-04-055533-2	税费计算与缴纳同步训练（第二版）	陈　琰
978-7-04-049324-5	纳税实务（第四版）	乔梦虎
978-7-04-056970-7	会计电算化（T3 云平台）（第二版）	韩　林
978-7-04-057183-7	会计电算化同步训练（T3 云平台）（第二版）	韩　林
978-7-04-051989-1	会计实务操作（第二版）	朱玲娇
978-7-04-053440-5	企业会计模拟实习	朱玲娇
978-7-04-054165-6	成本业务核算（第二版）	詹朝阳
978-7-04-055536-6	成本业务核算同步训练（第二版）	詹朝阳
978-7-04-055711-4	统计信息整理与应用	张寒明
978-7-04-048691-9	收银实务（第三版）	于家臻
978-7-04-054908-9	收银实务同步训练	于家臻
978-7-04-054135-9	财经法规与会计职业道德（第二版）	韩　菲
978-7-04-055936-1	财经法规与会计职业道德学习指导与练习（第二版）	余　琼、韩　菲
978-7-04-048159-4	财经应用文写作	柳胜辉
978-7-04-051925-9	财经应用文写作同步训练	柳胜辉、何　茹
978-7-04-050145-2	财经文员实务	林　晓
978-7-04-055717-6	会计电算化（T3 云平台）（第二版）	曹小红
978-7-04-056407-5	会计电算化上机指导（T3 云平台）（第二版）	曹小红、李　辉
978-7-04-028745-5	Excel 在会计中的应用（第三版）	孙万军
978-7-04-049106-7	涉税业务信息化处理	马　明
978-7-04-055156-3	会计实务信息化操作（第二版）	曾红卫
978-7-04-056640-6	传票翻打技能强化训练	关　红
978-7-04-	经济法基础	谭治宇

书　号	书　名	主　编
978-7-04-	经济法基础学习指导与练习	白　鸥
978-7-04-	财会基础知识	阳　柳、李　波
978-7-04-056426-6	企业办税实训	王　维、陆　艺
978-7-04-	企业财务会计	李建红
978-7-04-047239-4	成本核算信息化处理	张建强
978-7-04-050920-5	基础会计（第5版）	陈伟清、张玉森
978-7-04-050907-6	基础会计习题集（第5版）	陈伟清、张玉森
978-7-04-050868-0	基础会计实训（第3版）	杨　蕊
978-7-04-049496-9	财政与金融基础知识（第3版）	彭明强
978-7-04-050386-9	财政与金融基础知识同步训练	彭明强
978-7-04-047645-3	税收基础（第5版）	陈洪法
978-7-04-048445-8	税收基础同步训练	陈洪法
978-7-04-050525-2	经济法律法规（第4版）	李新霞
978-7-04-051924-2	经济法律法规同步训练	李新霞
978-7-04-051239-7	统计基础知识（第4版）	娄庆松、杨　静
978-7-04-051884-9	统计基础知识习题集（第4版）	娄庆松、杨　静
978-7-04-039596-9	统计基础实训（第2版）	娄庆松
978-7-04-049938-4	企业财务会计（第5版）	杨　蕊、梁健秋
978-7-04-050406-4	企业财务会计同步训练	梁健秋
978-7-04-052652-3	企业财务会计实训（第3版）	杨　蕊
978-7-04-032247-7	财务管理（第5版）	张海林
978-7-04-054059-8	财务管理习题集（第5版）	张海林
978-7-04-027340-3	政府与非营利组织会计（第2版）	尹玲燕、杨常青
978-7-04-027341-0	政府与非营利组织会计学习指导与练习（附光盘）	尹玲燕
978-7-04-051880-1	审计基础知识（第3版）	周海彬
978-7-04-052894-7	审计基础知识同步训练	周海彬
978-7-04-051879-5	会计模拟实习（第4版）	陈红文、许长华
978-7-04-051256-4	会计单项模拟实习（第3版）	马明、许长华
978-7-04-051255-7	会计综合模拟实习（第3版）	林宏、许长华
978-7-04-053026-1	会计实务操作（第3版）	杨　蕊
978-7-04-050906-9	出纳会计实务（第3版）	林云刚、华秋红
978-7-04-052910-4	出纳会计实务操作（第2版）	林云刚
978-7-04-021101-6	会计英语（附光盘）	许长华

书　号	书　　名	主　编
978-7-04-033068-7	成本会计（第3版）	詹朝阳
978-7-04-054097-0	成本会计同步训练	詹朝阳
978-7-04-014970-8	初等管理会计	金　萍
978-7-04-050323-4	商品流通企业会计（第4版）	张立波
978-7-04-051876-4	商品流通企业会计习题集（第4版）	张立波
978-7-04-054843-3	商品流通企业会计实训（第3版）	张立波
978-7-04-057547-7	珠算技术（第二版）	孙明德、徐　蓓
978-7-04-057266-7	珠算技术强化训练	徐　蓓
978-7-04-	统计基础工作	项　菲、莫翠梅

郑重声明

高等教育出版社依法对本书享有专有出版权。任何未经许可的复制、销售行为均违反《中华人民共和国著作权法》，其行为人将承担相应的民事责任和行政责任；构成犯罪的，将被依法追究刑事责任。为了维护市场秩序，保护读者的合法权益，避免读者误用盗版书造成不良后果，我社将配合行政执法部门和司法机关对违法犯罪的单位和个人进行严厉打击。社会各界人士如发现上述侵权行为，希望及时举报，本社将奖励举报有功人员。

反盗版举报电话 （010）58581999 58582371 58582488

反盗版举报传真 （010）82086060

反盗版举报邮箱 dd@hep.com.cn

通信地址 北京市西城区德外大街4号 高等教育出版社法律事务与版权管理部

邮政编码 100120

防伪查询说明

用户购书后刮开封底防伪涂层，利用手机微信等软件扫描二维码，会跳转至防伪查询网页，获得所购图书详细信息。也可将防伪二维码下的20位密码按从左到右、从上到下的顺序发送短信至106695881280，免费查询所购图书真伪。

反盗版短信举报

编辑短信"JB，图书名称，出版社，购买地点"发送至 10669588128

防伪客服电话

（010）58582300

学习卡账号使用说明

一、注册/登录

访问 http://abook.hep.com.cn/sve，点击"注册"，在注册页面输入用户名、密码及常用的邮箱进行注册。已注册的用户直接输入用户名和密码登录即可进入"我的课程"页面。

二、课程绑定

点击"我的课程"页面右上方"绑定课程"，正确输入教材封底防伪标签上的20位密码，点击"确定"完成课程绑定。

三、访问课程

在"正在学习"列表中选择已绑定的课程，点击"进入课程"即可浏览或下载与本书配套的课程资源。刚绑定的课程请在"申请学习"列表中选择相应课程并点击"进入课程"。

如有账号问题，请发邮件至：4a_admin_zz@pub.hep.cn。